기대에 부응하지 않겠습니다

타인의 기대에 묶인 삶에서 벗어나
나다움을 찾기 위한 실전 레슨

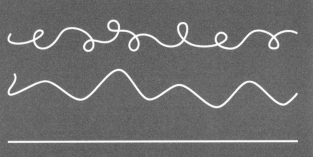

기대에 부응하지
않겠습니다

나카시마 미스즈 지음

김윤정 옮김

한스미디어

: 내가 중심인 삶을 사세요

누구나 인간관계를 맺으면서 상대방의 기대에 부응하기 위해 노력했던 적이 있을 겁니다. 상대방이 원하는 인간상에 맞춰 연기하고, 그에 벗어난 모습을 보일까 봐 안절부절 못하기도 하지 않았나요?

물론 누군가의 기대에 부응하는 것이 나쁜 일만은 아닙니다. 하지만 그로 인해 나답게 지내지 못하고 힘든 시간을 보내고 있다면, 그러한 생활 방식은 조금씩 고쳐나가는 편이 좋을 겁니다.

이야기에 들어가기 앞서 간단히 제 소개를 하자면 현재 일본 공인 심리학사·임상심리사이자, 규슈대학교 상담사로, 동 대학의 인간환경학 연구소에서 인지 행동치료를 연구하고 있습니다. 저에게 상담을 받기 위해 찾아오는 사람들은 삶에서 다양한 이유로 발생한 시련을 안고 살아가는데, 대부분이 상대방의 기대 때문에 생긴 문제입니다. 언제나 누군가의 기대에 따라 열심히 살아가려는 듯한 모습을 보이다가 보면, 내가 뭘 하고 싶은지, 어떻게 행동하고 싶은지보다 타인이 나를 어떻게 생각하는지를 우선시하게 되지요. 이렇게 살다 보면 결국 언젠가는 삶의 에너지를 빼앗겨 기진맥진한 상태가 되어버리고 맙니다.

이러한 상황에 놓인 사람은 스스로를 주위의 기대에 부응하며 잘 살고 있다고 평가하지 않습니다. 오히려 '상대방의 기대를 충족시키지 못하고 있어.'라든가 '바보 같아. 역시 난 안 되나 봐.'라고 생각해 버리고 맙니다.

반대로 기대를 충족시켰더라도 자신이 바랐던 평가나 애정을 얻지 못하거나, 얻더라도 이 때문에 끊임없이 열심히 하는 모습을 보여야만 하는 상황에 놓이는 때도 적지 않습니다. 마치 내 안에 엄격하기로 둘째가라면 서러운 지도자가 있어서 스스로를 끊임없이 한계까지 밀어붙이는 느낌이지요. 이 때문에 더욱 누군가의 기대에 부응하고자,

상대방이 자신을 어떻게 생각할지만을 신경 쓰다 점점 더 나다운 삶의 방식과 멀어져가고 맙니다.

이러한 악순환에 빠졌다는 사실을 깨달았다면 이제 어떻게 해야 할까요? 여러 가지 방법을 떠올릴 수 있지만, 이 책에서는 인지행동치료에 기반을 둔 대처법을 소개하고자 합니다.

인지행동치료란 매우 간단하게 말해서 사물을 파악하는 법(인지)과 대처 방법(행동)을 재점검함으로써 삶의 문제를 해결하는 상담법입니다. 1960년경에 미국의 정신과 의사 아론 벡Aaron Beck, 1921~2021이 개발한 것으로, 우울증, 불안장애, 공황장애 등 다양한 심리 문제의 개선에 사용되고 있습니다.

사람의 기대(또는 사람의 기대를 느끼게 하는 상황)를 어떻게 받아들이고 어떻게 대처할 것인가와 관련한 문제도 인지행동치료에서 중요하게 다루는 문제입니다. 기대에 묶여있는 상태는 타인을 너무 우선시하는 습관적 자기희생이나 자신에게 지나치게 엄격한 완벽주의로 이어집니다. 그래서 이러한 문제를 해결하는 데에 도움이 되는 인지행동치료에 따른 대처법을 알려주고자 합니다.

기대에 부응하지 않겠습니다

이 책에서 몇 가지 사례를 중심으로 기대에서 해방되는 방법을 가능한 알기 쉽게 설명하려 합니다. 후반부에서는 타인의 평가나 애정에 의존하지 않기 위해 자아 존중감을 높이는 법과 나다움을 되찾는 법을 소개하겠습니다. 이 책을 통해 나를 중심에 두고 살아가는 방법을 좀 더 쉽게 찾았으면 좋겠습니다.

자, 이제 내가 그리던 인생길에 첫발을 내딛기 위한 수업을 시작해 봅시다.

나카시마 미스즈

차례

제3장 기대에 사로잡히기 쉬운 사람

: 자기희생 스키마

제4장 완벽해야만 마음이 놓이는 사람

: 엄격한 기준/과잉 비판 스키마

제5장   결정을 내리기 어려운 사람

: 무능/의존 스키마

누군가의 ——— 기대에 사로잡혀 산다는 것

왜 나는 타인의 기대에
부응하려 노력할까

애초에 '기대'란 무엇일까요? 사전에서는 '어떤 일이 원하는 대로 이루어지기를 바라면서 기다림.'라고 정의하고 있습니다. 기대를 받는 쪽에서 생각하면 '상대방이 명확하게 요구하지는 않지만, 이렇게 했으면 좋겠다거나 저렇게 됐으면 좋겠다는 바람을 비치는 (혹은 그런 바람을 가지고 있다고 굳게 믿는) 상태'이지 않을까요.

기대를 받을 때 상대방을 위해 반드시 그렇게 해주고 싶다고 생각해 무리하지 않는 범위에서 행동하는 것은 문제가 되지 않습니다. 나와 상대, 양쪽이 평등하게 서로를 존중하고 신뢰 관계를 쌓아가는 상황이라고 볼 수 있지요. 이러한 관계에 놓인 사람은 상대방이 바라는 바가 본인의

기대에 부응하지 않겠습니다

꿈이나 목표와 일치하지 않더라도 당황하지 않고 상대방의 의견을 수렴하면서도 자신이 원하는 바를 실현하기 위한 행동을 취할 수 있습니다.

문제는 이렇게 균형 잡힌 인간관계를 쌓지 못하고 상대방의 기대에 맞춰 '반드시 해내야만 한다.'라는 의무감이나 '해내지 못하면 좋지 않은 일이 일어나지는 않을까?'라는 불안감 때문에 무리해서 행동하려고 하는 경우입니다. 다음과 같은 경우를 살펴봅시다.

—— 상대방을 너무 우선시하는 A씨 ——

A씨는 공공기관에서 서류를 작성할 때 뒤로 줄이 길게 늘어서면 안절부절못한다. 빨리 끝내줬으면 좋겠다는 기대를 받는 느낌을 받기 때문이다. 하지만 어떻게든 빨리 작성하려다 허둥대서 오히려 시간이 더 걸리고 만다.

반면에 자신이 누군가의 뒤에 줄을 섰을 때는 앞사람이 빨리 끝내줬으면 좋겠다고 생각하지 않는다. 오히려 '저 사람은 빨리하라는 부담을 주지 않았으면 좋겠다고 생각할지도 몰라. 그러니까 한 발짝 떨어져서 기다리자.'라고 생각한다.

A씨는 공공기관에서 서류를 작성할 때 뒤에 줄 서 있는 사람들의 '빨리 끝내줬으면 좋겠다.'라는 기대를 느끼고 빨리 끝내야 한다며 스스로를 재촉합니다. 반대로 자신이 뒤에 섰을 때는 앞에서 작업하는 사람들이 '부담 주지 말아 줬으면 좋겠다.'라고 기대한다 생각해 한 발짝 떨어져서 기다리지요.

이처럼 어느 장면에서 순간적으로 솟구치는 사고를 '자동적 사고自動的 思考'라고 합니다. 일상생활의 다양한 장면에서 내가 어떻게 행동해야 하는지를 하나하나 깊이 생각하기는 매우 어려운 일이므로 우리는 이에 관한 사고를 어느 정도 자동화하고 있습니다.

자동적 사고는 사람마다 고유한 것이라 같은 상황이라도 그 속에서 각자 다른 행동을 보입니다. 뒷사람의 빨리 했으면 하는 기대를 느끼면서도 느긋하게 서류를 작성한다거나, 앞사람과 가까이 서 있으면서도 앞에서 작업하는 사람에게 부담감을 줄 수도 있겠다는 생각을 전혀 하지 않을 수 있습니다.

자, 다시 A씨의 상황에 집중해 봅시다. A씨의 두 가지 자동적 사고에는 공통된 원인이 엿보입니다. 바로 같은 상황

기대에 부응하지 않겠습니다

속 입장만 바꾼 장면에서 항상 상대방의 입장을 우선시하거나 상대방이 나에게 바라고 있을 행동을 취해야만 한다고 생각한다는 점입니다.

이러한 사고를 좀 더 분석해 보면, A씨는 '그렇지 않으면 사람들에게 미움받는다. (혹은 공격당한다.)'라는 믿음에 빠져 있는지 모릅니다. 명확하게 이처럼 자각하고 있지 않더라도, '미움받는다.', '사람들이 나를 거북해 한다.', '사람들에게 공격받는다.' 같은 상상을 하며 그 상황에 직면하기 무서운 나머지 자기도 모르게 과도하게 상대방을 우선으로 두고 행동하는 경향을 보인다고 유추해 볼 수 있습니다.

이처럼 사물을 파악하는 데에 바탕이 되며 자동적 사고에 영향을 주는 강한 믿음을 스키마Schema[심리 도식이라고도 한다.]라고 합니다. 자동적 사고가 장면 고유의 사고방식이라면, 스키마는 여러 장면에서 공통으로 자리한 사고입니다. '세상을 바라보는 마음속의 렌즈'라고 봐도 좋습니다.

뒤에서 더 자세히 소개하겠지만, 간단히 설명하자면 우리가 '사실을 다루는 법(인지)'는 자동적 사고와 스키마로 구성되어 있으며, 여기에 현저한 편견이 자리한 경우를

'인지 왜곡'이라고 부릅니다. 이 왜곡을 수정하거나 왜곡에 휩쓸리지 않도록 거리를 두는 방법을 통해 우울증을 비롯한 다양한 마음의 문제를 개선하려는 것이 인지행동치료(그중에서도 인지 요법)의 기본 원칙입니다.

기대를 부풀려
생각하게 되는 과정

스키마에 관해 조금 더 짚고 넘어가 봅시다. 스키마는 기본적으로 부모를 시작으로 한 가까운 양육자와의 관계처럼 인생의 이른 시기에 겪는 경험을 통해 형성된다고 여깁니다.

예를 들어 온화한 부모로부터 충분한 애정을 받고 자란 경험을 가진 사람은 '나는 사랑받는다.', '타인은 상냥하다.', '세상은 안전하다.' 같은 긍정적인 스키마가 생깁니다. 반대로 기분이 쉽게 불쾌해지는 부모에게서 매번 혼나기만 한 경험을 가진 사람은 '나는 사랑받지 못한다.', '타인은 걸핏하면 화만 낸다.', '세상은 무섭다.'처럼 부정적인 스키마가 생기기 쉽습니다. 스키마는 기본적으로 '나는 ~

다.', '타인은 ~다.', '세상(미래)은 ~다.'라는 형태를 가진다는 사실을 기억하기 바랍니다.

스키마는 인생의 경험을 쌓아가면서 더욱 공고화됩니다. 다시 A씨의 상황으로 돌아가 생각해 봅시다. 실제로는 그 한 장면만으로 판단할 수 없지만, 여기서는 A씨가 '사람들에게 미움받는다.'는 스키마를 가지고 있다고 가정하겠습니다.

이 믿음이 근본에 자리잡고 있기에 공공기관에서 어떠한 작업을 하고 있을 때 뒤에 사람이 서 있는 상황에서 '상대방의 입장을 먼저 생각해야 한다.'가 '빨리 끝내야 한다.'라는 자동적 사고로 이어져 조급해지는 겁니다. 그리고 이런 긴장 때문에 시간이 지체되어 뒤에 서 있는 사람에게서 실제로 빨리 좀 하라는 말을 들었다고 가정해 봅시다. 그렇다면 A씨는 다음과 같은 생각을 할 수밖에 없지 않을까요? '역시 나는 사람들에게 미움받는구나.'

기대에 부응하지 않겠습니다

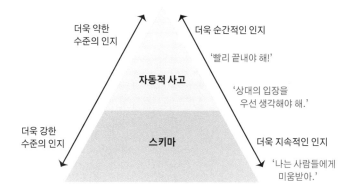

더욱 약한
수준의 인지

더욱 순간적인 인지

'빨리 끝내야 해!'

자동적 사고

'상대의 입장을
우선 생각해야 해.'

더욱 강한
수준의 인지

스키마

더욱 지속적인 인지

'나는 사람들에게
미움받아.'

인지의 구성

반대로 저런 핀잔을 듣지 않은 상황이라면 어떨까요? 예를 들어 A씨가 뒤에 서 있는 상황에서 한 발 떨어져서 기다린 결과 앞에서 작업하는 사람이 부담 없이 작업을 끝내고 자신의 차례가 되었다면, A씨는 이렇게 생각할지도 모릅니다. '내가 부담을 주지 않아서 앞사람이 아무런 문제없이 일을 마쳤어. 역시 이렇게 하지 않으면 나는 사람들로부터 미움받아.'

스키마
나는 사람들에게 미움받는다.

행동의 결과
· 뒤에 서 있는 사람에게서 "빨리 좀 해요."라고 타박을 들었다.
· 상대방에게 부담을 주지 않아 문제를 회피할 수 있었다.

장면
– 공공기관에서 어떤 작업을 할 때
· 뒤에 사람이 줄을 서 있다.
· 내가 작업하는 사람 뒤에 서 있다.

행동
· 허둥대며 작업하느라 시간이 더 오래 걸린다.
· 한 발 떨어져서 기다린다.

자동적 사고 1
· 상대방의 입장을 우선 생각해야 한다.

자동적 사고 2
· 빨리 끝내야만 한다!
· 한 발 떨어져서 기다리자.

스키마가 강해지는 과정

바보 같은 소리로 들릴 수 있겠으나, 우리는 일단 스키마가 형성되면 그것과 일치하는 정보만을 믿고 의식하게 됩니다. 부정적인 스키마를 인정하게 되는 일이 열 번 중에 단 한 번만 일어나더라도 그 한 번을 의식하거나, 자신이 특정 행동을 취해야만 생각했던 내용이 실현될 것이라는 망상을 합니다.

한편 A씨의 자동적 사고에도 특정한 유형이 보입니다.

기대에 부응하지 않겠습니다

본인이 뒤에 서 있을 때는 앞사람이 빨리 끝내줬으면 좋겠다는 생각을 하지 않지요. 오히려 '부담을 주지 않았으면 좋겠다고 생각하고 있을지도 몰라. 그러니 한 발 더 물러서서 기다리자.'라고 생각합니다. 즉, 타인에게는 관대하고 자신에게는 엄격합니다. (이것은 '과대평가와 과소평가'라고 불리는 전형적인 사고 유형인데, 제2장에서 자세히 설명하겠습니다.) 이러한 태도 때문에 사람에게 미움받는다는 믿음이 쉽게 강해진다고 볼 수 있습니다. 그리고 이러한 부정적인 스키마와 사고 형태가 합쳐져 인지 왜곡이 발생합니다.

사실 타인은 나에게
기대하고 있지 않다

이 책의 주제인 '타인의 기대에 사로잡힌 상태'로 돌아와 생각해 봅시다. 기대는 눈에 보이지 않고 명확하게 요구되는 것도 아니기에 인지 왜곡의 영향을 받기 쉽습니다.

다시 A씨의 상황으로 돌아가 봅시다. A씨 뒤에 서 있는 사람이나 앞에서 작업하고 있는 사람이 정말로 빨리 끝내 줬으면 하거나 부담을 주지 말았으면 하는 바람을 가지고 있었을까요? 적어도 이를 단정할 만한 근거는 보이지 않습니다. 나 때문에 뒷사람이 기다리는 것은 엄연한 사실이지만, 막상 뒤를 돌아보면 상대방은 아무런 신경도 쓰지 않고 그저 스마트폰만 열심히 보고 있을 수도 있습니다.

이처럼 우리가 '기대'라고 생각하는 것은 본인이 만들

어 낸, 스키마가 보여주는 환상일지도 모른다는 사실을 깨닫는 것이야말로 '타인의 기대에 사로잡힌 상태'에서 벗어나는 첫걸음입니다. 자기 내면에 있는 스키마에 따라 행동할 때 우리는 그것이 흡사 누군가의 기대인 듯한 느낌을 받고, 여기에 부응하지 못하면 상대방이 화를 내거나 나에 대한 평가가 안 좋아지는 상황이 펼쳐지는 망상까지 하게 됩니다. 여러분도 일상생활 속에서 상대방으로부터 '이렇게 했으면 좋겠다.', '저렇게 되길 바란다.' 같은 기대를 느끼고 왜인지 모르게 긴장했던 상황을 떠올려 보길 바랍니다.

정말로 상대방이 기대하고 있을까요? 내 마음속 깊은 곳에 자리한 스키마의 영향을 받은 믿음이 아닐까요? 또 다른 예를 통해 알아봅시다.

── 일을 너무 많이 떠맡는 B씨 ① ──

B씨는 회사에서 일의 담당자를 정하는 회의에 참석할 때마다 다음과 같은 생각을 한다. '이 팀에서 내가 내가 최연장자니까, 모두 내가 이 일을 맡기 바라고 있구나.' 하지만 B씨는 이미 업무 계획표가 빡빡하게 차있다. 지금 맡은 일만 해도 벅찬데 새로운 일까지 맡아버리면 다

른 일에 지장을 줄 것이 분명해 망설이지만, 담당자가 정해지지 않은 채 회의가 진행되면 '여기서 내가 나서지 않으면 다들 나를 믿음직스럽지 않은 사람이라고 생각하겠지.' 같은 걱정이 앞서 결국엔 그 일을 맡고야 만다. 그리고 다음 회의 때도 이 과정을 반복한다.

B씨도 A씨와 같은 사고 형태를 지닌 듯 보입니다. 팀원 모두가 힘들고 자신도 여유가 없는 상황이지만, 상대의 입장을 우선 생각해 결국 나의 부담을 늘려야 하는지 고민하는 겁니다. 타인에게 관대하고 자신에게는 엄격한 '과대평가와 과소평가'입니다. 더불어 최연장자인 자신이 떠맡아야 한다고 생각하는 부분은 '당위적 사고'라고 불리는 전형적인 사고 유형이기도 합니다. ('전형적인 사고 유형'은 53쪽 참고)

B씨는 팀을 위해 반드시 내가 해내고 싶다고 생각하는 것이 아니라 여기서 이 일을 맡지 않으면 동료로부터 의지가 되지 않는 사람으로 여겨질 것이라 믿기 때문에 불안해서 나서서 일을 맡는 겁니다.

이러한 사고방식이 조금 과하다고 느껴지지 않나요? 일

기대에 부응하지 않겠습니다

하나를 맡지 않았다고 해서 믿음직하지 못하다는 평가를 받지는 않을 것이고, 혹시나 그렇게 판단하는 동료가 있다고 하더라도 모든 회사 직원이 같은 생각을 하지 않을 겁니다. 그럼에도 그렇게 되리라고 생각한다는 점이 '지나친 일반화'라고 불리는 사고 유형입니다.

B씨가 가진 사고 유형도 B씨의 마음 깊은 곳에 있는 '믿음=스키마'를 강화하는 데에 일조하는 주범으로 볼 수 있습니다.

나는 어떤 스키마를
가지고 있을까

그렇다면 B씨는 어떤 스키마를 가지고 있을까요? A씨의 상황에서는 두 가지 자동적 사고에 공통으로 자리한 근원으로써의 스키마를 분석했는데, 여기서는 또 다른 관점을 이용한 분석법 하나를 소개하고자 합니다.

우리가 어떠한 부정적인 사고에 사로잡혔을 때 '이것이 사실이라면 어떻게 될까?'라는 질문을 자신에게 던져 보면 근저에 자리한 스키마를 깨달을 때가 있습니다. B씨의 상황에서 '여기서 이 일을 맡지 않으면 믿음직스럽지 못한 사람이라고 다들 생각할 거야.'라는 생각이 실제로 벌어진다면 그 뒤에 상황은 어떻게 흘러갈까요? 결국에는 어떠한 사실(이라고 생각한 것)을 직면하는 상황이 두려운 것이

기대에 부응하지 않겠습니다

아닐까요? 이처럼 자기 내면과의 대화(깊이 파헤치기)를 통해 스키마에 다다를 수도 있습니다.

··· 자기 내면과의 대화 과정 ···

믿음직스럽지 못한 사람이라고
여겨진다면, 어떻게 될까?

⋮

'모두 실망해 나를 차가운 눈으로 쳐다보겠지.'

⋮

차가운 눈으로 쳐다본다면, 어떻게 될까?

⋮

'나를 배제하고 일을 진행할지도 몰라.'

⋮

일에서 배제된다면, 어떻게 될까?

⋮

'가치 없는 인간이 되어버리지 않을까?'

이렇게 과정을 보여주면 많은 사람이 "나에게는 스키마가 없는 것 같다. 나는 스스로를 가치 없는 인간이라고까지는 생각하지 않는다."라고 말합니다. 하지만 생각해야 할 부분은 타인에게서 낮은 평가를 받거나 쓸모없는 사람이 되어 배제당하는 순간입니다. 그 외의 시간에서 우리는 스키마를 인식하지 않고 행동하지요. 왜냐하면 언제나 '나는 가치가 없어.', '나는 사람들에게 미움받고 있어.' 같은 생각을 하며 살기란 너무나도 고통스럽기 때문입니다.

그 대신 우리는 스키마를 행동 전략 같은 형태로 인식하는 경우가 있습니다. '나는 믿음직스러운 사람이 되어야만 한다. (그렇게 되면 가치가 있다.)', '나는 상대방이 해줬으면 하는 행동을 해야만 한다. (그렇지 않으면 미움받는다.)' 같은 식이지요.

이처럼 스키마는 대상에 맞게 모습을 바꿉니다. 근본에 있는 스키마가 '핵심 신념'이라고 불리는 데에 비해 행동 전략으로서의 스키마는 '중재적 신념'이라고 부릅니다. 핵심 신념과 중재적 신념은 흡사 동전의 앞뒷면같이 정반대의 모습을 가지기도 합니다. '완벽한 사람인 양 행동하지만, 속으로는 자신이 없다.', '겉은 세 보이지만, 속은 벌벌

기대에 부응하지 않겠습니다

핵심 신념　– 나는 가치가 없어.

　　　　　　　(핵심 신념과 중재적 신념은 대치 관계에 있다.)

중재적 신념　– 나는 믿음직스러운 사람이 되어야만 해.
　　　　　　　– 사람들로부터 좋은 평가를 얻어야만 해.
　　　　　　　　　　　⋮
　　　　　　　여기서 내가 일을 맡지 않으면 다들 나를 믿
　　　　　　　음직스럽지 못하다고 생각할 거야.
　　　　　　　　　　　⋮
자동적 사고　– 팀 동료의 기대에 부응해야만 해.

B씨의 자동적 사고와 스키마(핵심 신념·중재적 신념)

떨고 있다.' 같은 느낌이지요.

　이런 이유로 핵심 신념과 중재적 신념을 깊이 파고 들어가기는 어렵지만, 부정적인 자동적 사고 안에 자리한 중재적 신념을 깨닫는다면 그것을 뒤집어 봄으로써 자신이 어떠한 핵심 신념을 가졌는지를 막연하게나마 넘겨짚을 수 있습니다.

내가 하는 행동이
없던 기대도 만들어낸다

B씨가 느꼈다고 생각하는 동료들의 기대도 스키마가 만들어 낸 환상이 아닐까요? 사실 느낌만이 아닙니다. 회의실에 있던 B씨 측면에서 보면 동료들의 태도나 지금까지의 경험, 그 장소의 분위기 등을 통해 조금 더 확실한 모양으로 상대방의 기대를 감지했을 겁니다. 하지만 여기서 유의해야 할 점은 스키마로 인해 조작된 행동을 할 때 우리는 '현실의 기대'를 만들어 낼 때가 있다는 사실입니다. B씨의 상황을 조금 더 들여다봅시다.

기대에 부응하지 않겠습니다

── 일을 너무 많이 떠맡는 B씨 ② ──

B씨가 끌어안고 있는 일 하나는 상사인 부장이 기획한 일로, 내부에서도 회사에 큰 이익을 안겨줄 프로젝트라고 공언하는 일이다. 부장이 직접 B씨에게 그 일을 맡기며 "자네에게 큰 기대를 걸고 있네."라고 말했는데, 이 말만으로도 B씨는 '기대 이상의 성과를 올려 부장님께 좋은 평가를 받아야 한다.'라는 부담감을 느낀다. 그런데 지금 B씨는 몇 가지 일을 추가로 맡아 기진맥진한 상태다. 주위 사람들은 이런 B씨를 걱정하지만, 그럼에도 B씨는 괜찮다며 여유 있는 척한다. 결과적으로 근무 시간도 점점 늘어나 정시에 퇴근하는 동료들을 애써 못 본 체하며 매일 늦게까지 야근을 하는 처지다.

여기서 B씨는 적어도 부장으로부터 실제로 기대한다는 말을 들었습니다. 하지만 그 기대를 어떻게 받아들일 것이며 이후 어떻게 행동할지는 B씨의 몫입니다. 상사의 기대를 교묘히 회피하거나 적당히 만족시키면서도 인정받는 사람이 있기 때문입니다.

우리는 누군가의 기대에 붙들렸을 때 상대방이 내 행동

을 선택한다고 생각합니다. 하지만 실제로 선택한 사람은 나 자신입니다. B씨의 상황에서도 기대 이상의 성과를 올려야 한다고 생각해서 일련의 행동을 선택한 사람은 다른 누구도 아닌 B씨 본인이지요.

나의 성공을 위해 이번 프로젝트를 반드시 잘 해내고야 말겠다는 다짐이라면 좋지만, B씨는 그렇지 않습니다. 부장으로부터의 좋은 평가라는 타인의 평가에 집착해 의무감으로 열심히 하려고 하지요. 자신의 성공보다 타인에게서 좋은 평가를 받아야 한다는 중재적 신념에 따르다보니 결과적으로 타인을 위해 열심히 합니다. 그렇다면 B씨는 상사에게 있어 그저 편히 사용할 수 있는 부하이지 않을까요? 혹은 처음부터 그럴 생각은 아니었겠지만, 어찌하다보니 상사는 자신의 성공을 위해 B씨를 이용하는 형태가 되어버릴 수도 있습니다.

또한 B씨는 주위 사람들의 걱정에 대해서도 아무 문제없다며 여유 있게 해내는 척을 합니다. 이 행동도 B씨가 가진 '나는 믿음직스러운 사람이 되어야만 한다.'라는 중재적 신념과 관련이 있어 보입니다.

기대에 부응하지 않겠습니다

장면 부장에게서 일을 의뢰받으며 "자네에게 큰 기대를 걸고 있네."라는 말을 듣는다.

⋮

인지 '기대 이상의 성과를 올려 부장님께 좋은 평가를 받아야 해.'

⋮

행동 무리를 해서라도 부장의 공언이 거짓이 되지 않도록 열심히 한다.

⋮

장면 다음에도 부장에게서 직접 일을 의뢰받고 기대 받는다.

B씨가 현실의 기대를 부풀리는 과정 ①(상사에게서 일을 받은 장면)

누군가가 하는 일이 힘든지 아닌지는 당사자가 아니라면 주위에서 알아차리기 쉽지 않습니다. 그럼에도 표현하지 않고 도움의 손길마저 뿌리쳐 버린다면 어떨까요? B씨가 이 같은 행동을 계속한다면 팀 동료들은 어떤 생각을 할까요? 담당자를 정하는 회의 때도 동료들은 B씨가 맡으리라고 믿기에 그저 기다린 것은 아닐까요? 그리고 B씨는 정시에 퇴근하는 동료를 곁눈질하며 매일 혼자 늦게까지

장면	담당자를 정하는 회의에서 동료들이 침묵한다.
	⋮
인지	'여기서 내가 맡지 않으면 다들 나를 믿음직스럽지 못한 사람이라고 생각할 거야.'
	⋮
행동	무리해서라도 일을 맡는다. 여유 있게 처리하는 척한다.
	⋮
장면	다음에 담당자를 정하는 회의가 열렸을 때도 동료들은 B씨가 맡을 것을 기대하며 침묵한다.

B씨가 현실의 기대를 부풀리는 과정 ②(담당자를 정하는 장면)

남아 일하는 과정을 반복합니다. B씨가 가진 인지 왜곡이 이러한 악순환을 만들어 낸 원인입니다.

이렇게 만들어진 '현실의 기대'에 B씨가 충분히 답할 수 있다면 아무런 문제가 되지 않지만, 어느 부분에서든 한계를 넘어선 순간 그대로 쓰러질 겁니다. 몸이 망가지거나 우울증에 걸릴지도 모르지요.

그렇게 되지 않기 위해서는 먼저 자신이 왜 이러한 상황에 빠졌는지, 인지와 행동 유형을 재점검하는 방법이 큰 도

기대에 부응하지 않겠습니다

움이 됩니다. 그렇지 않으면 우리는 무의식적으로 그 유형을 반복하고 맙니다.

여러분은 타인의 기대에 사로잡혀 자신을 괴롭히는 단계에 빠져있지 않은가요? 그 근저에는 어떤 스키마가 있을까요? 부디 여러분도 이 부분을 재점검해 보길 바랍니다. 객관적으로 내 상황을 인식하는 것이야말로 환상에 지나지 않은 기대에 사로잡히거나 스스로 현실의 기대를 부풀리는 일로부터 탈출하는 계기가 됩니다. 다음 장에서는 인식 오류를 수정하는 방법을 알아봅시다.

타인의 ——————
—————— 기대에
사로잡히지 ——————
—————— 않는 방법

인지재구성법과 행동 실험

기대에 사로잡히는
고리를 끊어내다

우리는 초조하고 불안할 때 이 감정을 일으키는 상황이나 사건이 있다고 생각합니다. 하지만 인지행동치료에서는 그렇게 해석하지 않습니다. 상황이나 사건 그리고 감정의 사이에는 '사실을 다루는 법=인지'가 밑바탕에 자리한다고 보지요. 인지가 부정적인 쪽으로 기울어져 있을(인지왜곡이 있을) 때 이것을 수정하거나 적당히 거리를 둠으로써 발생하는 감정을 변화시키고, 나아가 우울증이나 불안

×	상황·사건	⋯▸	감정(초조, 불안, 긴장 등)
○	상황·사건	⋯▸	인지 ⋯▸ 감정

기대에 부응하지 않겠습니다

장애를 개선하려는 방법이 인지행동치료입니다.

　인지는 대체로 순간적으로 이루어지는 낮은 수준의 자동적 사고로, 좀 더 지속적이며 높은 수준인 스키마와는 구별된다는 점을 제1장에서 이야기했습니다. 상대적으로 자동적 사고가 스키마에 비해 수정하기 쉽다고 여겨지는데, 자동적 사고를 바꾸기만 해도 발생하는 감정이 변화해 믿음을 강화하는 순환 고리를 끊어내는 데에 도움이 됩니다.

　어떠한 자동적 사고가 어떻게 작동하는지는 상황에 따라 다르므로 모든 수정법을 소개할 수는 없지만, 전형적 범주로 분류되는 사고 유형은 있습니다. (A씨와 B씨의 사례에서도 몇 가지가 보입니다.) 그중에서도 타인의 기대에 쉽게 사로잡히는 사람에게서 흔히 보이는 사고 유형과 그 수정법을 소개하고자 합니다.

다른 사람의 기대는
나의 생각과 다르다

A씨와 B씨에게서 공통으로 보이는 유형인 '과대평가와 과소평가'에 관해 좀 더 자세히 알아보도록 합시다.

이것은 간단히 말하면 타인의 형편이나 감정을 과대하게 생각하는 한편, 자신의 형편이나 감정은 과소하게 생각한다는 의미지요. 또는 자신의 결점이나 실패는 엄격하게 평가하는 한편 타인의 결점이나 실패는 관대하게 평가합니다. 이같이 자신에게는 철저하고 타인에게 너그러운(그 결과 무조건 타인을 최우선으로 생각하거나 자신을 타인과 비교해 침울해지기 쉽습니다.) 사고 유형을 가리킵니다.

'과대평가와 과소평가' 사고 유형을 가진 사람에게 추천하는 방법은 '나와 같은 상황인 사람이 눈앞에 있어도 똑

기대에 부응하지 않겠습니다

같이 엄격하게 평가할 것인가?', '내가 상대방의 입장이었다면 어떻게 생각할까?'를 자문해 보는 겁니다.

A씨의 사례(17쪽 참조)를 한 번 더 살펴봅시다. A씨는 작업하는 사람의 뒤에 서 있을 때 앞사람이 빨리 끝냈으면 좋겠다고 생각하지 않았습니다. 그렇다면 A씨의 뒤에 서 있는 사람도 A씨와 같은 생각을 하지 않을까요? A씨가 작업을 하고 있을 때 뒤에 서 있는 사람이 자신에게 부담을 주지 않았으면 좋겠다고 생각하지 않았듯이 A씨 앞에서 작업하고 있는 사람도 A씨를 신경 쓰지 않고 자신의 작업에 집중하고 있을 뿐일지도 모릅니다. 이처럼 자신이 상대방이라면 혹은 상대방이 나라면 불편하거나 과한 요구를 하지 않는다는 사실을 깨달으면 초조함이나 불안감, 긴장감도 발생하지 않습니다.

다음으로 B씨의 상황(27쪽 참조)을 들여다봅시다. B씨가 만약 다른 동료의 처지였다면 이미 중요한 프로젝트를 담당한 동료에게 '이 일도 당신이 맡아줬으면 좋겠다.'라는 기대를 할까요? 그렇지 않을 겁니다. 오히려 앞서 이 사람에게 일을 맡겼으니, 이번에는 내가 나서서 가져가는 편이 좋겠다고 생각하지 않을까요? 그렇다면 B씨가 애초에 느꼈던 '모두 내가 하길 기대하고 있겠지.'라는 생각이 적절하지 않다는 사실을 이해할 수 있을 겁니다.

당연한 말을 하는 것 같지만, 자동적 사고는 무의식의 영역에서 발생하기 때문에 '일부러 의식적'으로 뒤흔들지 않는다면, 그것만이 유일한 정답이라는 믿음에 빠지기 쉽습니다.

기대에 부응하지 않겠습니다

생각을 변화시키는
방법

B씨가 가진 당위적 사고를 수정하는 방법도 소개하고 자 합니다. 당위적 사고를 간단히 설명하자면 어떠한 대상 에 관해 '~해야 한다.', '~하지 않으면 안 된다.'라는, 영어 의 should(또는 must)에 해당하는(그 결과 해야 한다고 여긴 내용을 달성하지 못했을 때 쉽게 우울해집니다.) 사고 유형입 니다.

이 유형에 속한 사람이 사고를 수정하기 위해서는 '해야 한다고 결정한 사람은 누구인가?', '해야 한다를 가능한 ~ 하는 편이 좋다고 바꿔 말할 수 있는가?', '예외로는 어떤 일이 있을 것 같은가?'라고 자문해 본다면 좋습니다.

B씨의 예시에서 드러나는 당위적 사고인 '최연장자인

자신이 담당해야 한다.'에 적용해 보면, 다음과 같은 생각을 엿볼 수 있습니다.

B씨의 사고 수정법 ①

- '최연장자가 담당해야 한다.'라고 말하는 사람은 누구인가?

  : 회사가 정한 것도, 상사가 정한 것도 아니다. 내가 그렇게 생각했을 뿐이다.

- '해야 한다.'를 '가능한 ~하는 편이 좋다.'고 바꿔 말할 수 있는가?

  : '가능한 최연장자인 내가 담당하는 편이 좋다.'고 바꿔 말할 수 있다.

- 예외로는 어떤 일이 있는가?

  : 예를 들어 만약 내가 없다면, 팀의 최연장자는 X씨이다. 하지만 X씨는 이 부서로 온 지 얼마 되지 않아 지금의 일을 처리하는 것만으로 벅차다. 최연장자니까 X씨가 담당해야 한다는 말은 옳지 않다.

기대에 부응하지 않겠습니다

이렇게 자문을 해 보면 꼭 B씨가 최연장자이기 때문에 담당해야만 한다는 논리가 맞지 않다는(가능한 담당하는 편이 좋지만, 상황이 어렵다면 하지 않아도 된다는) 사실을 스스로 알아차리게 되지 않을까요.

믿음을 변화시키는
방법

　이어서 과잉 일반화의 수정법도 알아봅시다. 이것은 간단히 말하면, 한 가지 사건이나 실패만을 근거로 '모두 ~다.', '언제나 ~다.'라는 식으로 생각하는(그 결과 사고가 과장되거나, 작은 실패나 타인의 질책을 과도하게 받아들여 충격을 받습니다.) 사고 유형입니다. 이 유형에 속하는 사람은 스스로 '그것은 항상 그럴까? 백 번 중 몇 번이 그랬었나?', '한정된 범위를 전체로 넓힌 것은 아닌가?'라는 질문을 해 보면 좋습니다.

　이것을 B씨의 '내가 이 일을 맡아야 동료들이 나를 믿음직스러운 사람이라고 생각할 거야.'라는 사고에 적용해 봅시다.

　　　　　　　　기대에 부응하지 않겠습니다

B씨의 사고 수정법 ②

■ 항상 그런가? 백 번 중 몇 번이나 그랬던가?

: 항상 그렇지 않다. 과거에 그랬던 적이 있기는 했지만, 횟수는 세기 어려울 정도로 적다. 담당을 백 번 거절했다고 가정한다면, 동료들이 나를 믿음직스럽지 못하다고 생각한 적은 겨우 몇 번이었을 것이다.

■ 한정된 범위를 전체로 넓힌 것은 아닌가?

: 혹여 믿음직스럽지 못한 사람이라는 딱지가 붙었더라도 팀 안에서만의 이야기다. 팀 전원이 그렇게 생각하지도 않으며 어쩌면 스치듯 그렇게 생각한 사람이 있을 수 있는 정도다. 그럼에도 마치 회사의 모든 직원 또는 세상 모든 사람이 그렇게 생각하고 있다고 믿고 있다.

어떤가요? 여기까지 생각할 수 있다면 여러 사고 유형을 가진 B씨일지라도 자신의 사고가 부정적인 측면으로 기울었다는 점을 자각할 수 있을 겁니다.

이처럼 자동적 사고를 여러 각도에서 재점검해 유연성을 가진 사고로 수정해 가는 기법을 '인지재구성법'이라고 합니다.

자문자답을 통해 요동친 인지는 주관에서 떨어져나올 수 있습니다. 그때 비로소 우리는 '어? 유일한 정답이라고 생각했었는데 잘못된 생각일 수도 있겠는데?'라며 거리를 두고 바라볼 수 있게 됩니다. 조금 과장해서 말한다면 세뇌에서 해방된 느낌이 들 수도 있습니다.

참고로 기대에 사로잡히기 쉬운 또 다른 전형적인 사고 유형으로는 '개인화', '임의적 추론', '정서적 추론', '이분법적 사고' 등이 있습니다. 54쪽의 표를 참고해 내가 어떤 사고 유형을 가졌는지 확인해 보도록 합시다. (한 가지만이 아니라 두세 가지를 가졌을 수도 있습니다.)

기대에 부응하지 않겠습니다

스키마를 재설계하는
행동 실험

자동적 사고는 인지 중에서도 비교적 표층에 있으며 바꾸기 어렵지 않은 데 반해, 자신이나 타인의 세계와 관련한 근본적인 믿음인 스키마는 좀 더 심층적이며 수정하기 어렵습니다. '나는 가치가 없다.', '타인은 나를 얕본다.' 같은 사고가 여기에 해당합니다.

인생 초반에 형성되어 경험에 따라 반복하고 강화되는 스키마는 자신에게 질문을 던지는 행동만으로 수정할 수 없습니다. 스키마를 뒤흔들려면 그 믿음이 사실인지 아닌지 행동을 통해 확인하는 과정이 필요한데, 이를 행동 실험이라고 합니다.

과잉 일반화	한 가지나 두 가지의 실패 또는 잘못된 사건만을 근거로 '모두 ~다.', '항상 ~다.'라며 하나로 전체를 판단한다.
개인화	좋지 않은 일이 발생했을 때 나와 관계없는 부분까지 나에게 원인이 있는 것처럼 생각한다.
임의적 추론	확실한 근거가 없는 상태에서 성급하게 결론을 내리고 부정적으로 생각한다.
정서적 추론	객관적인 사실이 아니라 내가 어떻게 생각하고 있는지를 기준 삼아 상황을 판단한다.
이분법적 사고	백인지 흑인지 확실히 해야만 직성이 풀린다. Yes인지 No인지, 선인지 악인지, 적인지 아군인지 등 극단적으로 판단한다.
당위적 사고	'~해야 한다.', '~하지 않으면 안 된다.' 같은 말로 표현하는 사고방식을 고집한다.
과대평가와 과소평가	자신의 단점이나 실패를 실제보다 엄격히 평가하고 장점과 성공을 축소해서 생각한다. 반대로 타인의 장점이나 성공을 과대평가하고 단점이나 실패는 묵과하기도 한다.

전형적인 사고 유형

기대에 부응하지 않겠습니다

예를 들어 A씨와 같은 스키마(핵심 신념은 '나는 사람들에게 미움받거나 공격당한다.', 중재적 신념은 '상대방이 원하는 행동을 취해야 한다.'라고 정하고 이야기를 진행하고자 합니다.)를 가진 사람은 신호등 없는 건널목을 건너려 할 때 지나가던 자동차가 잠깐 정지하면 상대방의 상황을 우선으로 생각한 나머지 운전자에게 과할 정도로 굽신굽신 고개를 숙이거나 달음박질로 건너갑니다. 그렇게까지 배려하지 않아도 괜찮다는 소리를 들어도 머리로는 이해하지만 그렇게 하지 않으면 불안해지는 것이지요.

불안이라는 감정은 우리가 위험으로부터 몸을 지키기 위해 익힌 원시적인 감정으로, 머리로 이해하는 것만으로는 사라지지 않습니다. 스키마에 적합하지 않은 행동을 취할 때 발생하는 불안이라는 감정을 완화하기 위해서는 실제 행동을 통해 괜찮다는 안도감을 쌓아 나가는 수밖에 없습니다.

앞서 소개한 장면을 가지고 이야기하자면, 인사의 의미로만 가볍게 머리를 숙인 뒤 운전자의 신경을 쓰지 말고 건널목을 서두르지 않으며 건너는 행동을 일부러 해 보세요. 보행자가 우선이기 때문에 이러한 보행자에게 화를 내는 운전자는 거의 없을 겁니다. 이것을 실제로 경험하면 '천천히 건너가도 괜찮구나.'라는 느낌을 받으며 긴장감이 풀릴지도 모릅니다. 이 같은 체험을 바탕으로 공공기관에서 서류 작성 같은 작업을 할 때 나만의 속도로 침착하게 쓰자는 생각을 할 수 있습니다. 그러면 몸과 마음이 평안해지지 않을까요. 이러한 행동 실험을 반복하는 사이 '상대방이 나에게 바라는 행동을 취해야 미움받지 않는다.(또는 공격당하지 않는다.)'라는 믿음이 잘못되었다는 사실을 이해하게 될 겁니다.

기대에 부응하지 않겠습니다

행동을 바꾸면
어떤 일이 벌어질까

　행동 실험의 효과를 높이기 위해서는 무턱대고 하기보다 행동 실험을 언제 어떻게 행할지, 어떤 결과가 나와야 나의 믿음이 옳지 않은 것인지(잘못된 믿음으로 분류되는 것인지)를 사전에 명확하게 정하고, 이를 의식하며 행동하는 것이 중요합니다.

　일을 너무 많이 떠안는 B씨를 떠올려 봅시다. '여기서 내가 나서야 다들 믿음직스러운 사람이라고 생각할 거야.'라는 믿음을 고치기 위한 행동 실험을 할 때 계획을 구체화하는 게 효과를 높이는 데 도움이 됩니다.

B씨의 행동 실험

■ 행동 실험 일시

: 차기 담당자 결정 회의가 있는 3월 15일 금요일.

■ 어떠한 식으로 행동할 것인가

: 담당자가 정해지지 않아 팀 동료가 침묵할 때 나서지 않고 상황을 지켜본다. 내가 담당하길 바라며 재촉한다면 이미 맡은 일만으로도 벅차다고 말한다.

■ 예상되는 결과와 이로써 알 수 있는 것

: 팀 동료가 한숨을 쉬며 나를 쓸모없는 사람처럼 취급하며 회의를 진행한다면 내 믿음은 맞다(기대에 응하지 않았으므로 동료가 실망함). 내 상황을 동료가 이해해 준다면 동료가 실망할 것이라는 내 믿음은 잘못되었다.

여기서부터는 실제로 B씨가 이 행동 실험을 시행했다는 가정하에서 읽어주길 바랍니다.

기대에 부응하지 않겠습니다

3월 15일. 회의 막바지까지 담당자가 결정되지 않은 일 한 가지가 남았다. 그렇게 어려운 일은 아니지만, 마감 기한에 비해 일의 양이 많아 관련 경험이 있어야 하는 일이었다. 담당자를 누구로 하면 좋을까? 회의실에는 침묵만이 흘렀다. '최연장자인 내가 담당해야 한다.'라는 사고가 B씨 안에 솟구쳤지만, 얼른 수정했다. '가능하다면 내가 담당하는 편이 좋겠지. 하지만 회사나 상사가 그러한 규칙을 정한 것도 아니니 여건이 안 된다면 하지 않아도 돼.'

  동료들의 시선이 B씨에게 향했다.

  '모두 나에게 기대하고 있구나.'

  압박감이 느껴지면서 B씨의 손바닥이 축축해지기 시작했다. 하지만 '지금은 일부러 다른 행동을 해 보는 실험이야.'라고 생각하며 자신을 다독였다.

  기다리다 지친 동료 한 명이 입을 열었다. 부서에서 B씨 다음으로 경력이 많은 Z씨였다.

  "B씨는 어떠신지요?"

  평상시의 B씨라면 '여기서 내가 맡아야 믿음직스러운 사람이라고 모두가 생각할 거야.' 같은 걱정을 하며 자기가 하겠다고 말했을 것이다. 하지만 오늘은 행동 실험을 한다는 점을 의식해 마음을 다잡았다. 그리고 "지금 부장님께서 맡긴 프로젝트도 있어서 여유가 없네요. 미안하지만 다른 사람이 해줬으면 합니다."라고 확실히 말했다. 보통의 모습과는 다른 B씨의 태도에 동료들은 의외라는 표정을 지었다.

겉으로 차분해 보이는 B씨였지만 속으로는 안절부절못한 상태였다. '모두가 나에게 실망해서 한숨 쉬지는 않을까……' 이러한 망상이 머릿속에서 커져만 갔다. 하지만 동료들의 반응은 B씨의 예상과는 달랐다.

"부장님이 부탁한 그 프로젝트는 아무리 B씨라도 힘들긴 하죠."

이렇게 말한 사람은 B씨와 비슷한 나이대인 X씨다.

"담당자가 정해지지 않은 일이라면 제가 해 보고 싶습니다. 이 부서로 와서 이제 좀 익숙해졌으니까 다양한 일을 하며 경험을 쌓고 싶습니다."

그러자 Z씨도 나섰다.

"그러면 제가 옆에서 돕겠습니다."

B씨는 조금 놀랐다. 자신에게 실망하지는 않을지언정

기대에 부응하지 않겠습니다

정말 어쩔 수 없다는 느낌으로 다른 동료가 맡는 모습을 예상했기 때문이다. 이렇게 다른 상황이 펼쳐질 거라고는 생각하지 않았다.

B씨가 놀라는 모습을 본 X씨가 말했다.

"B씨가 우리한테 상황이 어렵다며 확실하게 표현한 적이 거의 없었잖아요. 정말 곤란한가 보다 했죠. 우리도 B씨에게서 도움만 받는 것이 아니라 B씨에게 힘이 되어주고 싶습니다."

이처럼 행동 실험을 통해 B씨는 자신의 믿음이 잘못되었다는 사실을 확인했습니다. 동시에 동료들이 자신에게 거는 기대의 내용도 오해하고 있었음을 깨달았지요. 팀 동료는 어려운 일은 가능한 B씨가 맡아주었으면 좋겠다고 기대하지 않았습니다.

오히려 '나도 다양한 일을 경험하고 싶다.'거나 'B씨에게 힘이 되어주고 싶다.'라고 생각했습니다. (B씨가 자신들과 좀 더 일을 나눴으면 좋겠다거나, 의지해 주었으면 좋겠다고 기대하고 있었습니다.) 왜 이 점을 여태까지 몰랐는지 B씨는 의아했을 겁니다.

이것이 인지 왜곡입니다. 제1장에서 스키마는 세상을 볼 때 쓰는 렌즈 같은 것이라고 했는데, 그 렌즈가 어그러져 있다면 세상도 어그러져 보일 터이지요. 그리고 스키마가 나에게 어떤 것을 요구할 때 바야흐로 주위에서 자신에게 거는 기대라고 믿거나 스키마에 맞게 현실의 기대를 만들어 냅니다.

물론 B씨가 이런 행동 실험을 한 번 했다고 해서 스키마를 완전히 극복하는 건 불가능한 일에 가까울 겁니다. 이후로도 계속 '나는 가치가 없다.'라는 핵심 신념이나 '나는 믿음직스러운 사람이 되어야 한다.' 혹은 '사람들로부터 좋은 평가를 받아야 한다. (그래야 가치가 있다.)'라는 중재적 신념에 조종당해 자신을 괴롭히는 행동 행동 유형으로 끝내 되돌아갈 수도 있습니다.

하지만 자신의 스키마가 무엇인지를 알게 되는 것만으로도 그것을 강화하는 악순환을 멈출 수 있습니다. 그때마다 인지재구성법과 행동 실험을 한다면 충분히 개선할 수 있지요. 무엇보다 먼저 첫발을 내디뎌 인지 왜곡을 수정해 나가는 것이 중요합니다.

여기서는 사고 유형과 스키마를 수정하는 방법에 관해

기대에 부응하지 않겠습니다

서 설명했습니다. 다음 장부터는 사람의 기대에 사로잡히기 쉬운 스키마 네 가지로 무엇이 있는지, 어떤 특성을 가지는지에 대해 더욱 자세히 알아봅시다.

제
3
장

기대에 ─────── 사로잡히기 쉬운 사람

자기희생 스키마

나에게는
어떤 스키마가 있을까

인생 초기에 형성되는 스키마는 그 사람의 인생 과정이나 경험 등에 따라 매우 다양하지만, 크게 몇 가지로 분류할 수 있습니다. 그중에서도 타인의 기대에 쉽게 사로잡히는 네 가지 유형을 소개하고자 합니다.

내가 희생해야 해
: 자기희생Self-Sacrifice 스키마

유소년기에 부모 밑에서 안락함을 느끼지 못하고 언제나 눈치를 보는 등 자신의 감정이나 하고 싶은 것을 억제당하면서 발생한 스키마입니다.

어른이 되어서도 자신보다 상대방의 감정이나 욕구를

기대에 부응하지 않겠습니다

신경 쓰며 자신을 희생해서라도 상대방을 위해 행동하려고 합니다. (주위에서 자신에게 그런 기대를 하고 있다고 믿습니다.) 그리고 분위기를 망치지 않기 위해, 상대방의 비위를 거스르지 않기 위해 당연한 듯이 자신을 억누르지요.

자기희생적 행동을 함으로써 단기적으로는 문제를 완만히 해결할 수 있겠지만, 장기적으로는 줏대 없이 수동적인 사람으로 보이거나 하기 싫은 일을 억지로 하는 탓에 스트레스가 쌓이다 어느 날 갑자기 이성을 잃을 때도 적지 않습니다.

제1, 2장에서 설명한 A씨, B씨의 스키마도 큰 카테고리로 보면 여기에 해당합니다. (더 자세하게 살펴보면 A씨는 타인이 자신에게 바라는 바를 그대로 따르려는 '복종 스키마', B씨는 타인의 평가나 승인에 과도하게 의존하는 '승인-추구/인정-추구 스키마'입니다).

완벽하게 해내야만 해

:**엄격한 기준/과잉 비판**Unrelenting Standards/Hypercriticalness **스키마**

지나치게 엄격한 부모에게서 교육받으며 어릴 적부터 희로애락을 있는 그대로 표현하지 못하게 억눌리거나 사소한 실패마저 대비해야 하는 경험을 반복한 결과 생기는 스키마입니다.

어른이 되어서도 감정을 억눌러야 한다는 생각을 가지고 완벽한 사람인 척 행동합니다. (주위에서 완벽하기를 기대한다고 믿습니다.) 사고가 부정적, 비관적으로 치우치기 쉬우며 자신에게도 남에게도 엄격한 사람입니다. 얼핏 보면 냉정하고 자신감 가득한 태도로 보이지만 자신의 본심이나 약한 모습을 드러내지 못해 스트레스가 쌓이지요.

감정적이고 자유분방한 행동을 하는 상대와는 맞지 않아 짜증을 느낄 때가 많은데 그 감정조차도 억누르려고 합니다. 그래서 결국 성향이 맞지 않은 사람과 함께 일하게 되거나 가족처럼 끊을 수 없는 관계가 되었을 경우 넓은 의미에서 기대에 부응하고자 (나와 맞지 않는 사람이지만, 내가 감정을 전체적으로 억누르면서 만나는 등) 무리하게 됩니다.

나는 할 줄 아는 게 없어
:**무능/의존**Dependence/Incompetence **스키마**

유소년기에 무언가를 할 때마다 주위로부터 너는 뭘 해도 안 된다는 식의 소리를 듣거나 스스로 할 수 있는데도

기대에 부응하지 않겠습니다

배제되는 경험을 여러 번 겪음으로써 생깁니다.

막연하게 본인의 능력에 결함이 있다거나 스스로 가치가 없다고 생각하지요. 할 수 없다거나 스스로에게 자신감이 없다고 느끼며 타인의 사고나 감정에 휩쓸리기 쉬운 특징을 보입니다. (주위에서 '자신의 의지대로 행동하지 말아라.', '나에게 복종해라.' 같은 말을 듣는다고 믿습니다.)

그러므로 어떠한 행동을 할 때 누군가가 "그렇게 하면 된다."라고 보증해 주길 바라며 자기 능력을 평가하는 상황을 극단적으로 피하고, 자신보다 더 좋은 능력을 갖춘 듯한 사람에게 기대거나 의지하려 합니다. 결과적으로 언제나 누군가의 생각대로 움직이는 경향을 보입니다.

나는 사랑받지 못해
:정서적 결핍 Emotional Deprivation **스키마**

예를 들어 유소년기에 부모로부터 보살핌을 받지 못해 쓸쓸함을 느끼거나 동생이 생긴 순간부터 부모가 동생에게만 애정을 쏟아서 사랑받고 싶다는 욕구가 채워지지 않은 탓에 생기는 스키마입니다.

이 스키마를 가진 사람은 성인이 되어서도 자신이 사랑

받고 있다는 안도감을 가질 수 없습니다. '사람들은 나를 버리고 가버려.', '이 사람은 지금은 나와 같이 있지만 무슨 일이 생기면 떠나가겠지.', '나는 혼자야.' 같은 생각으로 괴로워할 때가 많아 인간관계를 쌓는 데에 어려움이 많습니다.

또한 스키마가 형성되는 과정에서 착한 아이처럼 행동하면 사랑받을 것이라는 중재적 신념을 굳게 가지기 때문에 과도하게 착한 아이처럼 보여 상대로부터 칭찬받을 행동만 하는 행동 경향을 보일 때도 적지 않습니다. (자신이 주위로부터 그렇게 기대받는다고 믿습니다.) 눈앞에 있는 상대방에게서 애정을 얻어야 한다는 것만 생각한 나머지 결국엔 타인에게 휘둘리고 말지요.

참고로 전문적으로는 이 네 가지에 더해 '부족한 자기 통제/자기 훈련Insufficient Self-Control/Self-Discipline'이라고 불리는 카테고리가 있으나, 타인의 기대에 과하게 신경 쓰는 상황과는 연관 짓기 어려우므로 여기서는 생략하겠습니다. (이 책의 특성상 순서와 설명을 조금 조정한 부분이 있습니다.)

어떤가요? 해당하는 스키마가 있을까요? 여러 개에 해

당한다고 하더라도 걱정할 필요는 없습니다. (어디에도 해당하지 않는 사람이 드물지도 모릅니다.) 스키마를 자각하지 않는 한 보통은 그 스키마가 평생 지속되고 여기에 따라 행동 유형이 결정되지만, 자각할 수 있다면 지금 내가 나를 희생하면서까지 상대방의 기대에 부응하려고 하는 행동은 이런 스키마를 가졌기 때문이라 생각하며 조금 거리를 두고 바라볼 수 있지요. 더불어 의식적으로 스키마를 뒤흔드는 행동 실험을 통해 믿음을 수정할 수 있다면 (시간이 조금 걸리겠지만) 스키마를 재설정하는 것도 가능합니다. 이번 장에서는 자기희생 스키마의 수정법을 알아보도록 합시다.

나의 스키마를
되돌아보는 방법

    자기희생 스키마를 가진 사람이 어떠한 갈등에 빠지기 쉬운지를 설명하기 위해 조금 구체적인 상황을 설정해 보았습니다. 다음의 예를 읽어주길 바랍니다.

── 가족을 위해 기회를 희생하려는 C씨 ──

    C씨는 두 아이의 엄마로, 둘째 아이가 이제 막 4살이 되었다. C씨는 대학을 졸업하자마자 한 회사에서 10년 정도 근무해 능력을 인정받고 있다. 그런데 최근 직장에서 프로젝트 리더를 해 보지 않겠느냐는 제안을 받았다. 오래전부터 해 보고 싶었던 일이기에 기회가 온 지금 반드시 도전하고 싶은 C씨지만, 곧바로 불안해졌다. 근무

기대에 부응하지 않겠습니다

시간이 길어져 남편의 가사·육아 부담이 늘어날 것이 분명하기 때문이다.

집에 돌아와 남편과 상담하니 남편은 "응원할게."라고 말하지만, 내심 불만이 있는 듯한 얼굴이다. 남편의 표정을 보고 다음과 같이 생각한다. '분명 지금까지 해 온 대로 가사·육아를 해주길 바라는구나……' 그리고 어머니께 둘째 아이의 어린이집 등원을 부탁하려고 전화하자 다음과 같은 말을 들었다. "아직 아이가 어리니까 그렇게 일에 욕심내지 않아도 되지 않니?" C씨는 자기만 기회를 포기하면 모든 일이 순조롭게 풀릴 것이라는 생각을 하기 시작한다.

C씨는 아이가 아직 어리기 때문에 자발적으로 경력을 포기하려는 것이 아닙니다. 개인적으로는 꼭 도전해 보고 싶지만, 지금까지 해 왔던 대로 가사·육아를 했으면 한다는 남편의 기대를 눈치채고 자신에게 생긴 기회를 희생해야 하는지 고민하는 것이지요. 이러한 사고는 어머니의 가치관을 마주한 순간 더욱 강해진 듯합니다.

지금까지의 C씨라면 본인의 바람을 포기하고 남편의 기

대에 따라 행동하려고 했을 겁니다. 하지만 C씨 안에서 변화가 일어났습니다. 스키마에 관해 배워 자신이 자기희생 스키마의 소유자라는 사실을 자각했기 때문입니다(라는 가정으로 이야기를 진행하려 합니다.).

남편의 기대에 부응하려는 본인의 행동이 자기희생 스키마 때문일지도 모른다는 점을 눈치챈 C씨는 과거를 되돌아보았습니다. "그러고 보니 나는 언제나 눈앞의 상대방을 우선해 나를 억눌러 왔어."

C씨의 부모는 사이가 좋지 않아 자주 다퉜다. 특히 아버지는 말할 때 강한 어투를 사용하는 사람이었기 때문에 어렸을 적 C씨는 '아빠를 화나게 하면 엄마가 힘들어질 거야.'라고 걱정해 항상 아버지의 안색을 살피며 행동했다. 친구들과 한창 놀고 싶었던 초등학생 시절에도 아버지의 기분을 상하지 않게 하려고 친구들과 놀기보다 아버지의 옷을 다리고 정돈하는 것을 우선시했을 정도다.

또한 C씨에게는 한 살 아래인 여동생이 있다. 천진난

만한 성격으로 C씨보다 부모와 친척들로부터 시선을 끌었고 많은 사랑을 받았다. 부모가 두 종류의 장난감을 사 왔을 때도 C씨는 언제나 여동생에게 먼저 고르라며 양보했다. 이후의 인생도 항상 누군가에게 무언가를 양보해왔다. 친구들 사이에서도 양보의 연속이었다. 누군가를 만날 때도 늘 상대방에게 더 편한 장소에서 만났고 친구들이 가고 싶어 하는 곳으로 놀러 가는 것이 일상이었다.

사회인이 되어서는 동료에게 부담을 주지 말아야 한다는 생각에 집중한 나머지 필요한 협력을 구하지 못하거나 다른 사람도 원하고 있다는 이유로 맡고 싶었던 일을 양보하고는 했다. 말하지 않아도 상대방의 기대를 눈치채고 언제나 자신을 희생해 왔던 것이다. 이러한 경향을 가진 C씨가 결혼한 뒤에도 가정에서 남편에게 자신을 내보이지 못하는 것은 당연한 흐름이다.

C씨는 다시 한번 생각한다.

'나는 언제나 부모의 기대에 따라, 친구의 기대에 따라, 남편의 기대에 따라 살아왔던 거야.'

나아가 이렇게 자신에게 묻는다.

'나는 지금 행복한가?'

적어도 자신의 아이들만큼은 이러한 인생을 살지 않았으면 좋겠다고 생각했다. 나처럼 언제나 자신을 희생하는 사람은 되지 않았으면 한다.

여기서 C씨가 한 행동은 '스키마 점검'이라는 작업입니다. 지금까지 여러 번 이야기했지만, 스키마는 어렸을 적부터 겪은 경험으로 만들어집니다. 이 경험을 (마음이 아프겠지만) 되짚어 보는 것이지요. 어떠한 경험으로 이러한 스키마가 발생하게 되었는지, 그 뒤 어떠한 경험으로 스키마가 강화되었는지를 말입니다.

이를 잘 실행했다면 다음은 스키마가 지금은 도움이 되지 않는다는 사실을 확인해야 합니다. '지금은'이라고 쓴 이유는 어떠한 스키마든 형성 초기에는 자신에게 유용했기 때문입니다. C씨의 자기희생 스키마도 처음에는 가족의 평화를 지키고 나아가서는 자신의 마음을 지키는 데에 도움이 되었습니다. 이후는 친구와의 관계를 좋게 유지하는 데에도 큰 역할을 했을 겁니다.

하지만 이번 장 초반에 언급한 네 가지 스키마는 다 자란 성인이 된 후에 손해를 가지고 오지요. 실제로 C씨의 자기희생 스키마 역시 상대방의 안색을 살피느라 본인이 원하는 것에 도전하지 못하고, 직장에서는 일을, 가정에서는 가사·육아를 적절히 배분하지 못하고 혼자서 끌어안아 스스로를 고생시키는 원인이 되었습니다.

과거에는 자신에게 도움이 되어준 스키마가 지금은 삶에 문제를 일으키는 원인이 되었다는 점을 검증했다면 마지막으로 스키마를 재성립하기 위해 자신에게 물어보는 과정을 거칩니다

- 이 스키마로 나는 행복했는가?
- 이 스키마로 앞으로의 나는 행복해질 수 있는가?
- 스키마에 '순종한다.' 또는 '순종하지 않는다.'는 선택 에 책임은 누구에게 있는가?

이렇게까지 거창한 질문을 해야 하나 생각할지도 모르지만, 오랫동안 가지고 있던 스키마와 결별하기 위해서는 어중간한 각오로는 불가능합니다. 스키마가 단단하게 고

정된 만큼 그것을 흔들려면 강하게 자문할 필요가 있지요. C씨도 자신에게 질문을 던지는 과정을 통해 다음과 같은 결의를 해봅니다. "앞으로는 지금처럼 해서는 안 돼. 자기희생 스키마에 대항해 보겠어."

기대에 부응하지 않겠습니다

나를 희생시키는
스키마에서 벗어나기

C씨에게 자기희생 스키마가 없다 해도 C씨가 어려운 상황에 놓였다는 사실에는 변함이 없습니다. 두 아이를 보살펴야 하는데, 근무 시간까지 길어지는 것은 상당한 부담이지요. 그렇기에 가족들이 서로 배려해 역할을 새롭게 분담하는 게 중요합니다. C씨는 이 점을 남편에게 알리고자 행동 실험을 시행했습니다.

■ 행동 실험 일시

  : 다음 날 저녁, 아이들을 재운 후.

■ 어떠한 식으로 행동할 것인가

: 프로젝트 리더에 도전해 보고 싶다는 바람을 다시 한번 남편에게 전한다. 그리고서 둘째 아이의 어린이집 등·하원을 부탁한다.

■ 예상되는 결과와 이로써 알 수 있는 것
: 나의 주장으로 남편의 기분이 상해 평화로운 관계가 깨지려 한다면 '나는 가족을 위해 나를 희생해야만 한다.'라는 믿음은 정당하다. 남편이 나의 바람을 존중해 준다면 내 믿음은 잘못되었다.

여기서부터는 스키마를 극복하려고 할 때 어떠한 갈등이 발생할지를 반드시 상상하며 읽어주길 바랍니다.

실험 당일 저녁 아이들을 재운 뒤 C씨가 말을 꺼낸다.
"나 이번 일 제안을 받아들이고 싶어. 이전부터 해 보고 싶은 일이었어. 하지만 분명 근무 시간이 지금까지 보다도 훨씬 길어질 거야. 아이들한테도 부담이 갈 거고 어린이집 하원 시간에 맞춰 갈 수 없는 날도 있을 것 같아.

기대에 부응하지 않겠습니다

그래서 말인데……."

한창 이야기를 하는 새 남편의 표정이 굳기 시작했다. 이 점은 C씨도 예상했던 바였는데, 아니나 다를까 자기희생 스키마가 꿈틀대기 시작했다. 내 경력을 위해 남편의 부담을 늘리려 하다니 말도 안 되는 행동을 하고 있다는 생각이 들었다. 이전이라면 남편의 반응을 보고 재빨리 자신의 주장을 번복했을 것이다. 하지만 이번에는 이러한 생각을 꾹 누르고 계속 말한다.

"그래서 당신에게도 어린이집 등·하원을 부탁하고 싶고, 엄마에게도 부탁하려 해."

남편도 도중에 무언가 말하고 싶은 듯하나 입을 다물고 C씨의 말이 다 끝난 것을 확인한 뒤 말을 꺼냈다.

"전에도 이야기했듯이 응원하고 싶은 마음은 있어. 하지만 아이들이 아직 어리잖아. 자는 시간이 늦어지면 아이들에게도 악영향을 주지 않을까? 프로젝트 리더는 몇 년 후에 또 제안이 올 거야. 아이들이 이렇게 어린 시기에 무리해서 맡을 필요는 없지 않아?"

누가 봐도 맞는 말이기에 자기희생 스키마를 가진 C씨가 수긍하기 쉬운 의견이다. 하지만 C씨는 저항해 보기로 한다. 어떠한 결론이 나오든 자신의 의견을 강하게 제시하는 과정을 통해 자기희생 스키마에 굴복하던 인생에서 벗어나려는 행위를 시도하는 것에 의미가 있다고 생각했기 때문이다.

"나도 그렇게 생각해. 하지만 매번 나를 희생하는, 언제나 해왔던 행동의 반복이잖아."

저도 모르게 입 밖으로 낸 '희생한다.'라는 말에 남편이 짜증을 내기 시작했다.

"내가 당신보고 희생하라고 부탁한 적은 한 번도 없어. 희생해 왔다는 생각은 얼토당토않아!"

C씨에게 남편의 기분이 상하는 상황은 최고의 위험 신호다. 또다시 자기희생 스키마가 꿈틀대면서 '위험해. 이 상황을 수습하기 위해서는 내 의견을 접어야 해!'라고 C씨에게 경고한다. 그러나 C씨는 이 공포와 싸우면서 남편을 계속해서 설득했다.

"나도 지금까지 내가 희생해 왔다고 생각하지 않았어. 하지만 깨달았지. 아주 자연스럽게 내가 등·하원을 담당하고 내 경력을 쌓는 걸 포기해 왔다는 사실을. 우리 부모 세대가 그랬으니까 나도 당연히 그래야 한다고 생각

기대에 부응하지 않겠습니다

해 왔던 것 같아. 하지만 과거의 가치관을 가진 채로 맞벌이를 하고 그 과정에서 발생하는 문제를 이겨 내려는 것은 무리야. 서로 협력해서 우리에게 가장 잘 맞는 형태의 가족을 만들어 가야 한다고 생각해."

"……갑작스레 그런 말을 들어서 일단 감정을 좀 정리해야 할 것 같아."

남편은 그렇게 말하고 혼자 방으로 들어가 버렸다.

C씨 역시 격한 감정을 주체하기 힘들었다. 지금 당장 남편을 쫓아가 자기 행동을 사과하며 남편의 기분을 풀어주고 싶은 충동이 솟구쳤지만 억지로 억눌렀다. 정말 힘든 시간이었다.

그리고 다음 날 아침……. 부엌에서 소리가 들렸다. C씨가 일어나보니 남편이 아침 식사를 만들고 있었다.

"어제는 내가 감정적이었지. 미안해. 나도 당신을 응원해 주고 싶어. 아직 어떻게 하면 되는 건지 잘 모르겠지만, 내가 할 수 있는 일을 해 보려고 해."

C씨의 눈에서 자기도 모르게 눈물이 흘러내렸다. 태어나서 처음으로 자기 주장을 하고 그것을 남편이 서투

르게나마 받아주었다는 사실이 기뻤기 때문이다. 그리고 동시에 이러한 생각도 들었다.

'눈앞에 있는 남편은 필사적으로 비위를 맞춰야 했던 아버지와는 다른 사람이야. 나는 왜 어렸을 때처럼 나를 희생해서 남편의 말을 따라야 한다고 믿었을까?'

C씨의 마음 깊은 곳에 자리한 믿음(스키마)가 재구성되기 시작하는 순간이었다.

'분명 남편은 여태처럼 가사·육아를 했으면 좋겠다고 기대하고 있었을지도 몰라. 하지만 내가 수년 동안 지내며 남편을 그렇게 생각하도록 만든 면도 있어.'

이 같은 사실을 깨달은 C씨는 어머니에게도 다시 한 번 도움을 요청할 용기가 샘솟았다.

스키마 중에서도 자기희생 스키마에 저항하는 것은 특히 용기가 필요한 일입니다. 상대방과의 평온한 관계가 부서질지도 모른다는 불안을 동반하기 때문이지요.

C씨는 가족의 역할 분담을 바꾸려는 중요한 상황에서 행동 실험에 도전했지만 위험 부담이 크다고 느껴진다면 좀 더 일상적이고 안전한, 예를 들어 언제나 저녁 식사 후

기대에 부응하지 않겠습니다

에 당연하게 도맡는 설거지를 남편에게 부탁하거나 아이들의 목욕을 남편에게 맡기는 실험을 해 보는 것도 좋습니다. 중요한 점은 자기희생적 행동에 일부러 변화를 주어 어떻게 되는지를 시험해 보는 겁니다.

직장에서는 동료들에게 군이 가벼운 부탁을 해 동료가 그것을 받아들이는지를 시험해 보는 실험도 좋습니다. 내가 힘든 상황에 놓였을지라도 동료를 방해해서는 안 된다고 믿어왔지만, 의외로 내 부탁을 기분 좋게 들어주는 결과를 얻는 경우가 많습니다.

어느 쪽이든 눈앞에 있는 상대방은 유소년기에 필사적으로 안색을 살피며 비위를 맞춰야 했던 부모가 아닐 뿐더러 혹시나 상대방의 기분이 상하더라도 괜찮습니다. 성인이 된 지금은 그 때문에 큰일이 벌어지지도 않을 것이고, 분명 적절히 대처해 나갈 수 있습니다. 스키마가 이제 막 생성된 어린아이 시절의 감각을 그대로 지닌 채로 두려움에 떨고 있을 뿐이지요. 그 스키마 또한 행동 실험을 하며 결과를 쌓아 나감으로써 재설정할 수 있습니다. 다음 장에서는 완벽주의 스키마에서 해방되는 방법을 설명하고자 합니다.

완벽해야만 ———
————— 마음이
놓이는 ———————
————————— 사람

엄격한 기준/과잉 비판 스키마

완벽한 사람으로
사는 건 힘들다

엄격한 기준/과잉 비판 스키마도 자신을 괴로움 속에 빠뜨리기 쉽습니다. 54쪽에서 소개한 사고 유형 중에서도 특히 당위적 사고와 이분법적 사고로 이어져 우울증의 원인이 되기 쉽지요. 이 스키마는 어떻게 타인의 기대에 사로잡히게 만드는지 예시를 통해 알아봅시다.

── '완벽한 사람'이라는 틀에 갇혀있는 D씨 ──

D씨는 주위로부터 실패하지 않는 사람이라고 여겨진다. 일을 하면 절대 실수하지 않고 일 외적으로도 모든 일을 요령 있게 처리하기에 젊었을 적에는 회사에서 '에이스'로 이름을 알렸다. 하지만 입사한 지 수십 년이 지

기대에 부응하지 않겠습니다

난 지금은 높은 능력에 어울리는 성공을 하지 못했다. 주위 동료들은 실패를 두려워하지 않고 다양한 일에 도전한 반면, D씨는 자신이 완벽하게 할 수 있는 일에만 집착하고, 자기 능력을 넘어선 일이어도 주위에 도움을 요청하지 않았기 때문이다. D씨는 이렇게 말한다. "하지만 어쩔 수가 없습니다. 주위 사람들은 제가 완벽한 인간이길 기대하고 있으니까요."

엄격한 기준/과잉 비판 스키마를 가진 사람은 주위로부터 무슨 일이든 완벽하게 해내야 한다는 기대를 받는 듯한 느낌을 받는 경우가 잦습니다. 나아가 언제나 금욕적으로 완벽을 추구한 결과 실제로 일에서 높은 완성도를 기대받을 때도 많지요. 이 때문에 D씨가 그러한 것처럼 어떤 일을 시작할 때 기대치가 너무 높아 새로운 것에 도전하기를 피하거나 다른 사람의 도움을 받아야 하는 때에 도움을 받지 못해 힘들 때도 적지 않습니다.

나는 나에게
얼마나 엄격한 사람일까

이 스키마를 극복하는 방법도 자기희생 스키마와 같습니다. 다시 한번 이야기하자면 다음의 과정을 거칩니다.

❶ 스키마가 형성된 인생 초기의 경험을 되돌아본다.
❷ 스키마가 지금은 도움되지 않는다는 사실을 확인한다.
❸ 강한 자문을 통해 스키마에서 벗어날 것임을 결의한다.
❹ 행동 실험으로 믿음을 재구성한다.

D씨의 엄격한 기준/과잉 비판 스키마는 어떻게 형성되어 강화된 걸까요. D씨의 경험을 되돌아봅시다.

기대에 부응하지 않겠습니다

D씨의 엄격한 기준/과잉 비판 스키마가 형성된 시기는 초등학교 4학년 때로 거슬러 올라간다. 당시 D씨는 중학교 입학시험을 위해 입시 학원에 다니고 있었는데, 부주의로 인해 시험에서 자주 실수를 저질러 항상 만점을 놓쳤다.

　D씨의 어머니는 교육 열정이 매우 높아서 D씨의 시험 결과지를 볼 때마다 만점을 받은 과목에는 눈길을 전혀 주지 않은 채 만점을 놓친 과목만을 지적하고 반에서 1등을 놓친 사실을 책망했다. 깊은 상처를 받은 D씨의 눈에 눈물이 차올랐다. 그러자 어머니는 "운다고 실수가 없어지지 않으니 이를 악물고 복습해야 한다."라며 격려했다. D씨는 눈물을 억지로 참으며 밤늦게까지 어머니와 함께 문제를 다시 풀었다. 이러한 노력 덕분에 5학년이 됐을 때는 학교에서도 학원에서도 언제나 시험에서 1등을 차지하게 되었다. 성적표가 나올 때마다 어머니는 매우 기뻐했다. 이후 고등학교에 진학해서도 항상 노력해 우수한 성적을 유지했다.

　하지만 대학 입학시험을 며칠 앞두고 고열에 시달려 제1지망 대학교에 불합격하게 되었다. 부모가 제2지망 대학으로의 진학을 허락하지 않은 탓에 재수를 하게 되었지만, 벼랑 끝에 몰린 기분이었다. 특히 사소한 일에도 걱정이 많은 성격의 어머니는 D씨가 조금이라도 집에서 풀어지려 하면 전보다 더 강하게 D씨를 독려했다. 부모로부터 학원비를 받아 재수 학원에 다녔기에 자꾸 어깨가 움츠러들었고 집에서조차 긴장을 강요당하는 생활이 이어졌다. 감정을 드러내지 않으려 억지로 노력하며 로봇처럼 그저 무심하게 공부만 계속했다.

그리고 드디어 일류 대학에 합격한 D씨. 합격 소식을 들은 부모는 눈물을 흘리며 기뻐했다. D씨의 마음속에는 완벽하게 행동하고 노력하면 끝내 보답을 받는다는 믿음이 확실히 새겨졌다.

이러한 과정을 통해 D씨의 엄격한 기준/과잉 비판 스키마는 강화되었습니다. 하지만 감정을 죽이고 완벽하게 노력해도 항상 보답 받는 게 아니라는 사실을 D씨는 몰랐습니다. 고등학교 졸업 후 D씨는 종종 그런 상황에 처하게 됩니다.

예를 들어 대학생 시절 D씨는 같은 곳에서 아르바이트를 하는 여성을 좋아하게 되었습니다. 가지고 있던 완벽주

기대에 부응하지 않겠습니다

의를 발휘해 그녀의 고민 상담을 친절하게 들어주고, 아무리 늦은 시간에 연락이 와도 정성을 다해 답변해 주고, 아르바이트가 끝나면 집까지 바래다주는 등 더할 나위 없을 정도로 신사적으로 행동했지요. 얼마 지나지 않아 함께 밥을 먹게 되었는데, 이때도 그녀의 취향을 파악해 멋진 가게로 데려가고 좋아하는 영화의 표를 미리 준비하는 등 정말 큰 노력을 기울였습니다. 하지만 고백했을 때 그녀는 머뭇거리며 다음과 같이 말했습니다. "미안해. 친구로서는 좋지만, 남자친구로는……." D씨로서는 자신의 어디가 부족했는지 의문이 들었습니다. 자신의 어떤 언동이 그녀를 실망시켰는지, 어떻게 개선하면 그녀가 자신을 좋아해 줄지를 물었지만 명백한 대답은 나오지 않았습니다.

또한 D씨는 파티나 친목회 같은 모임이 매우 불편했습니다. 대학 시절 D씨가 속했던 천문 동아리에서 D씨는 누구보다 풍부한 천체 지식을 가지고 있고, 모두가 싫어하는 뒤치다꺼리를 솔선하기에 동성 친구들에게 인기가 많고 높은 신뢰를 받았습니다.

하지만 졸업생과 함께하는 친목회에서는 달랐지요. 친목회에서는 뷔페를 즐기며 자유롭게 여러 사람과 교류해야 했습니다. D씨는 정기 모임처럼 역할이 명확하고 의논해야 하는 사항이 정확히 설정된 장소에서 말하는 것은 잘하지만, 이런 성격의 장소에서는 어떻게 행동해야 좋은지 감을 잡을 수가 없었습니다. 그래서 다들 즐겁게 이야기를 나누는 분위기 속에서 어디에도 속하지 못한 채 혼자 구석에서 식사만 할 뿐이었습니다. '지금까지 이 동아리에 누구보다 공헌해 온 사람은 나인데 왜 나는 다른 사람처럼 즐기지를 못할까.' 점점 비참한 기분이 들었습니다.

사회인이 되어서도 비슷한 상황은 계속되었습니다. 직장에서는 완벽한 일 처리로 정평이 났지만, 회식같이 가볍게 이야기를 주고받는 자리에서는 마음이 편치 않았지요. 정확히 말하자면 회의 시작하기 전 잠깐 비는 시간이나 점심 혹은 간식 시간에 동료들이 즐겁게 이야기를 나누는 분위기 속에 섞여 들어가는 방법을 몰랐던 겁니다.

이처럼 D씨는 주어진 과제를 제대로 달성하는 데에는 자신이 있지만, 모든 면에 완벽한 모습을 보여야 한다는 점에 너무나 신경 쓴 나머지 타인과는 친밀한 관계를 쌓는 법은 모르고 있습니다.

기대에 부응하지 않겠습니다

닮고 싶은 사람을 관찰하면
답이 나온다

과거를 되돌아봤으니, 이제는 스키마가 지금의 나에게 도움이 되지 않는다는 사실을 확인해 볼 때입니다. 지금까지의 경험을 다시 떠올리며 D씨는 다음과 같이 자문자답해 보았습니다.

'내가 전제했던 '감정을 죽이고 완벽하게 행동하려고 노력한다면 보상받는다.'는 믿음은 잘못된 것일까? 아니, 적어도 수험 공부할 때와 부모님과의 관계에서는 그렇지 않았어. 하지만 이 외의 분야에서는 통하지 않는 것일지도 몰라. 세상의 흐름이 바뀌었을지도 모르지.'

여기까지 생각했을 때 지금까지 어렴풋이 느껴 왔던, 마음 깊은 곳에 자리한 감정의 덩어리가 무엇인지 확실히 알게 되었습니다. '그렇구나. 세상의 흐름이 바뀐 게 아니야. 내가 수험 공부라는 아주 작은 범위의 세상밖에 알지 못했던 거였어.'

 적어도 이대로 엄격한 기준/과잉 비판 스키마를 계속 가지고 있어봤자 보답받지 못하고 괴로울 뿐이라는 점을 확신했습니다. 그렇다면 어떻게 해야 좋을까요?

 D씨는 같은 부서에서 자신과는 완전히 반대 성향인, 타인의 마음을 잘 파악하고 미움받지 않는 성격으로 사랑받는 동료 Y씨의 행동을 몰래 관찰했습니다. 앞 장에서 언급한, 대담한 행동 실험을 실행할 용기가 없는 사람들에게 추천하는 '관찰법'이라는 방법입니다.

 관찰법은 인지행동치료가 철저히 실증주의에 바탕을 두었다는 사실을 여실히 드러내는 기법으로, 미국의 정신과 의사이자 베스트셀러를 여럿 출간한 작가이기도 한 데이비드 D. 번즈David D. Burns, 1942~의 우울증으로 고민하는 사람을 위한 자가 치료서《필링 굿(개정판)》(아름드리미디어)에서도 소개되었습니다.

 관찰법은 우리의 인지가 '사실을 정확하게 받아들이고 있는지 아닌지(타당성)'에 관해 실제로 가설을 세우고 조사

기대에 부응하지 않겠습니다

한 뒤 그 결과에 따라 인지와 행동을 재검토하는 기법입니다. 일상생활 속에서 자신이 정한 인지 유형과 이 때문에 놓치고 있는 것이 무엇인지를 의심해 보는 단계에서부터 시작합니다.

예를 들어 '나 이외의 사람은 모두 착실하니까 쉬는 날에도 아침부터 집안일을 하고 있을 거야. 하지만 나는 이와는 반대로 점심 느지막할 때까지 자고 있고 방은 온통 잡동사니로 어질러져 있지. 나는 게으름뱅이야.' 이와 같은 인지 유형을 가진 사람은 다른 사람에게 휴일에 무엇을 하는지를 묻지 않습니다. 그런 행동을 하면 타인이 얼마나 휴일을 충실하게 보냈는지를 듣게 되고 그러면 더욱 자신이 볼품없게 느껴지기 때문입니다.

이런 경우라면 타인이 어떻게 휴일을 보냈는지에 관한 사실을 놓치고 있는 것이기 때문에 그 부분을 일부러 다시 한번 물어봅니다. 그러면 "나도 휴일에는 늦게까지 자.", "휴일에는 외출을 자주 해서 집안일은 손 놓게 되더라."와 같은, 지금까지 알지 못했던 사실을 듣게 될 수도 있습니다. (물론 반대로 "아침 일찍 일어나 집안일을 한 뒤 조깅하고 친구를 만났지." 같은 대답을 들을 수도 있습니다.) 물론 이것도 엄연한 진실이지요. 가능한 한 많은 정보를 얻고 그것들을 찬찬히 바라보면 '그렇구나. 휴일을 제대로 착실하게 보내는 사람도 있는 한편 나와 마찬가지로 뒹굴뒹굴하며 아무 일도 하지 않는 사람도 있구나.' 같은 결론에 도달할지도 모릅니다. 애초의 인지(나만 게으름뱅이)보다도 훨씬 진실에 기반을 두고 있어 더욱 스스로 안심할 수 있는 인지로 바꿀 수 있습니다.

D씨도 이 관찰법을 실행해 보았습니다. 짧은 시간이지만 Y씨를 관찰하니 놀라운 모습이 눈에 보였습니다. 무엇보다 가장 놀랐던 순간은 회의 도중 상사가 Y씨가 한 발언의 모순점을 지적했던 때였지요. D씨였다면 모순이 발생했다는 사실을 사과하고 왜 모순이 발생했는지를 설명한 뒤 언제까지 수정하겠다는 대체안을 내놓았을 겁니다. 하지만 Y씨는 "아차!"라고 말하며 입을 크게 벌릴 뿐이었습니다. Y씨의 솔직한 반응에 여기저기서 웃음소리가 들렸습니다. 상사는 화내기는커녕 본인이 Y씨를 위해 좋은 지적을 했다며 자랑스러워하는 얼굴을 보였습니다. 물론 평소에 인성이 좋다고 평가받는 Y씨니까 아무런 문제 없이

넘어간 것일지도 모르지요. 하지만 같은 상황을 경험했던 D씨에게는 큰 충격이었습니다. 실수한 사람이 D씨였다면 그 상사는 더욱 세밀한 부분까지 지적하고 추궁했을 것이기 때문입니다.

누가 더 일을 잘하는지 묻는다면 당연히 Y씨보다 D씨라고 누구나 답할 겁니다. 하지만 Y씨는 자신의 불완전함을 깨끗이 인정함으로써 상사의 체면을 살렸고 회의실에서 다른 동료들로부터 "그러면 그 프로젝트 제가 돕겠습니다."라는 협조를 얻기까지 했습니다.

이 모습이 부러웠던 D씨는 자신을 되돌아보았습니다. '완벽함이나 올바름만이 세상을 평가하는 기준이 아닐지도 몰라. Y씨는 솔직하게 불완전함을 인정함으로써 주위와 대립하지 않고 협력을 끌어내는 데에 성공했잖아. 나는 무엇을 위해 감정을 억제하고 완벽한 모습을 연기해 왔던 걸까. 내가 바랐던 것은 평가가 아니라 타인과의 친밀한 관계였어. 내가 계속 완벽하게 행동하느라 사람들을 밀어내 왔던 거야.'

D씨는 Y씨를 관찰하면서 그제야 지금까지 가지고 있었

던 '완벽하게 행동하고 노력하면 보답받는다.'라는 자신의 스키마를 인식할 수 있었습니다. 동시에 그것을 내려놓고 때로는 불완전함을 보임으로써 다른 사람과 가까워질 수 있다는 사실도 깨달았지요

완벽주의 때문에 다가가기 힘들었던 D씨의 행동이 변화하자 처음에는 동료들이 당황했지만, 점차 거리를 줄여나갔고 끝내 D씨는 동료와 친밀한 관계를 쌓을 수 있게 되었습니다. D씨에게 있어서 매우 신선한, 평생 기억에 남을 사건이 되었습니다.

기대에 부응하지 않겠습니다

완벽한 것이
당연하지는 않다

여기서 소개한 D씨는 완벽주의 중에서도 '자기 인식 완벽주의'라고 불리는 성향을 강하게 가지고 있지요. 자신이 재능 충만하고 완벽한 상태여야만 사람들이 받아들여 준다고 믿는 신념입니다.

또 다른 완벽주의로 '업적 완벽주의'가 있습니다. 항상 완벽을 추구한 나머지 실패하거나 목표에 도달하지 못하면 자신을 책망하는 경향을 보입니다. 예를 들면, '어떤 일이든 모든 면에서 실수를 저질러서는 안 된다.', '매일 집안일을 완벽하게 해내야 한다.' 등이 여기에 해당합니다. 상대에게 어떻게 보이는지보다도 불완전한 자신을 용서할 수 없다는, 자신에게 엄격한 믿음이지요. 상대방에게서 아무리 잘하고 있다며 칭찬을 듣고, 괜찮다며 안전을 보장받아도 본인은 귀를 닫은 채 '그렇지 않아. 아직 불완전해.'라고 자신을 계속해서 책망합니다.

'업적 완벽주의' 경향을 가진 사람은 노력파이며, 자신에게 엄격한 만큼 눈부신 업적을 남기고 주위에서 높은 평가를 받습니다. 하지만 구태여 비판적인 부분을 이야기하자면 과제에 할애할 수 있는 시간과 노력은 유한한데 마지막 몇 퍼센트 되지 않는 불완전함을 메꾸는 데에 거의 모든 노력과 시간을 쏟고 마는 비효율성을 꼽을 수 있겠지요.

갖은 노력을 기울였음에도 완벽주의를 버릴 수 없는 사람은 현실을 무시하고 있다는 사실을 스스로 경고로 삼아 의식해야 합니다.

"밤새도록 회사에 틀어박혀 일한들 결국엔 자기만족이잖아? 회사나 동료들은 귀중한 노력과 시간을 다른 곳에 썼으면 좋겠다고 바라고 있을지도 몰라. 지금의 노력은 좋은 평가를 받지 못할 수도 있어." 같은 생각입니다. 때로는 '유아독존 주의보'라는 단어가 통렬하게 울려 퍼질지도 모릅니다.

스키마 중에서도 엄격한 기준/과잉 비판 스키마는 가장

기대에 부응하지 않겠습니다

자각하기 어려운 것으로 알려져 있습니다. 나는 완벽을 추구할 생각으로 행동하는 게 아니라 그저 그렇게 하는 것이 당연하다고 인식하는 상태이기 때문이지요.

D씨의 예에서는 대학 시절부터 공부 외의 부분에서는 도움이 되지 않았던 스키마를 일상생활 속 안전한 상황에서 타인을 관찰하는 행동을 통해 재정립할 수 있었습니다. 그리고 현재 놓인 상황에서 가장 적용하기 쉬운 방향으로 스키마를 업데이트했다고 이해해도 좋습니다.

하지만 지금까지 믿어 온 규칙이 통용되지 않을 때 가지고 있던 스키마를 전부 부정하며 '나에게도 세상에도 실망했어. 더 이상 누구도 믿지 않겠어.'라며 마음을 닫아버리는 사람도 있습니다. D씨의 대단한 점은 자신의 스키마를 모조리 부정하는 것이 아니라 '수험 공부에는 유용한 스키마였지만 그 이외에는 별로일지도 모른다.'라며 넓은 시야로 파악한 유연함에 있다고 말할 수 있습니다.

제
5
장

결정을 내리기 어려운 사람

무능/의존 스키마

나는 얼마나
자신감 있는 사람일까

　이번 장에서는 무능/의존 스키마에서 탈출하는 방법을 이야기하고자 합니다. 무능/의존 스키마는 자기 능력 혹은 특정 기능에 자신이 없다는 뜻이 아닙니다. 막연히 나에게 자신감을 가지지 못한다고 설명할 수 있지요. 무슨 일이든 상대방보다 못하는 혹은 도무지 할 수 없는 느낌이 든다고 믿는 겁니다.

　이것이 어떻게 타인의 기대에 사로잡히는 현상과 연관이 있을까요. 먼저 스스로가 이 스키마에 어느 정도 해당하는지를 확인해 봅시다. 다음과 같은 경험을 한 적이 있다면 체크해 보세요.

　　　　　　　기대에 부응하지 않겠습니다

- 회의에서 내 의견에 대다수가 찬성해도 약간의 반대 인원이 있다는 점에 상처받는다. ☐
- 하고 싶은 대로 하라는 말을 들으면 오히려 결정하지 못해 우물쭈물한다. ☐
- 해야만 하는 일을 뒤로 미룬다. ☐
- 해 본 적 없는 일, 새로운 일에 도전하지 않는다. ☐
- 누군가와 항상 같이 있다. ☐
- 다른 사람과 비교했을 때 내가 걱정이 많은 사람이라고 느낀다. ☐

여기서는 일부러 '당신은 본인의 능력에 자신이 있습니까?'라고 직접적으로 묻지 않습니다. 대다수 사람은 이러한 질문을 받으면 소극적으로 대답하기 때문입니다. 하지만 이렇게 구체적인 예를 들어 질문하면 의외로 '해당한다'라고 표시하는 사람이 많습니다.

작은 선택부터
스스로 내려야 하는 이유

무능/의존 스키마가 어떻게 상대방의 기대에 부응하려 노력하기 쉽게 작용하는 것일까요. 막연히 나에게 자신이 없으면 스스로의 판단에 확신을 두지 못하고 타인에게 판단을 맡기게 됩니다. 그럴 때 근처에 기댈 수 있는 사람이 있으면 인생은 그 사람에게서 쉽게 영향을 받는 방향으로 흘러갑니다.

물론 직장에서 중요한 판단을 할 때나 이직을 생각할 때, 부동산 같은 고액의 구매를 할 때 등 막중한 결단을 내리는 상황에서 전문가나 친구들에게 의견을 구하는 사람은 많습니다. 하지만 한편으로 좀 더 일상적이고 세세한 것들, 예를 들어 '메일에 이렇게 답변을 보내면 상대방이 싫어할까?', '이번 회식에 누구를 불러야 할까?'와 같은 사소한 결단에 자신감을 갖지 못해 항상 누군가에게 의지한다면 어떨까요. 항상 상대방의 기분이나 기준에 신경 쓰고 거기에 휘둘리게 될지도 모릅니다.

상대방이 무슨 생각하는지만을 신경 쓰기 때문에 자신이 정말로 무엇을 느끼는지, 본심이 어떠한지 알 수 없게 됩니다. 내가 나에게 완전히 태만해지는 겁니다. 이렇게 되면 차츰 살아있다는 감각마저 갖기 힘들어 공허함에 사로잡히기 쉽습니다.

결정장애를 극복하는
두 가지 과정

　여기서부터는 자기 능력에 자신이 없는 사람이 상대방의 기대에 사로잡히지 않기 위한 인지행동치료의 기법을 전하고자 합니다. 핵심은 두 가지 과정입니다.

과정1: 자신과 상대방 사이에 경계선을 그어라

　본인에게 자신이 없고 의존할 상대가 있는 경우의 최대 문제는 자타의 경계가 애매하다는 점에 있습니다. '그 사람이 인정해 주었으니까 괜찮아.', '그 사람 옆에만 있으면 괜찮아.' 같은 생각은 타인과의 거리를 두는 법으로 적절하지 않습니다. 무엇보다 우선 자신과 타인은 별개의 인간이며 다른 사고와 감정을 가졌음을 인식해야 합니다. 그 상태에서 '스스로 인정하는 것이 중요하다.', '그 사람 옆에 있어도 나는 나다.'라고 생각을 수정하는 과정이 필요합니다. (과정1은 매우 중요하므로 순서가 많이 늦지만 제8장에서 더욱 자세히 설명하겠습니다.)

과정2: 자기 나름의 판단과 의사 결정을 내려라

'그게 되면 이렇게 고생하지 않아.'라고 생각할지도 모르겠습니다. 막연하게 능력에 자신이 없다고 느끼는 사람에게 주체적으로 결정하라고 말하는 것은 무리가 있지요. 하지만 단계를 차근차근 밟아나간다면 누구든 조금씩 자기 나름의 판단력을 갖출 수 있습니다. 여기서 소개하려는 것이 스스로 결정을 내리는 방법입니다.

결정하지 못하는 사람은 그 대상이 무엇이든 간에 그것을 머릿속으로만 생각하는 경향이 있습니다. 결정을 보류한 채 고민에 고민을 거듭하는 고민의 무한 루프에 빠지는 겁니다.

이렇게 되지 않기 위해서는 '손을 움직이고 구체적으로 행동하는 것'이 최고의 비결이지요. 복잡한 고민을 조금이나마 해결이 가능한 간단한 형태로 잘라내는 겁니다. 이번 장에서는 이 두 번째 과정을 집중해서 파헤쳐 보려 합니다. 구체적으로 '물건 정리법', '시간 정리법', '사고 정리법'이라는 세 가지 단계로 움직이는 방법을 소개하겠습니다. 뒤로 갈수록 난이도가 높아지므로 순서대로 가봅시다.

스스로 판단과 의사결정을
내리는 방법① - 물건 정리법

무능/의존 스키마를 가진 사람은 다른 사람에게서 받은 물건 또는 가족끼리 같이 사용하는 물건을 버릴지 말지를 정해야 할 때 결정을 내리지 못해 집에 물건이 잔뜩 쌓이고 맙니다. 결단을 내릴 수 없어 머릿속이 뒤죽박죽될 때와 마찬가지로 물건 역시 정리를 할 수 없기에 방이 어질러지지요.

이를 위해 눈에 보이는 물건을 정리하는 것에서부터 시작하는 편이 자기 결정 연습을 몸에 익히는 데에도 매우 큰 도움이 됩니다. 멀리 돌아가는 것처럼 보일 수도 있겠으나 옷장 정리나 신발장 정리, 서류 버리기, 냉장고나 창고 정리부터 시작하면 좋습니다. 그럼, 조금 더 구체적으로 물건을 정리하는 법에 관해 이야기해 봅시다.

사용하는 빈도가 적은 물건을 과감히 버려라

아무리 비싸게 산 물건이라도 지금까지 사용하지 않았다면 필요 없는 물건입니다. 자아 존중감이 높은 사람일수록 물건을 모으지 않으며 눈앞의 불필요한 것보다 자신을 소중히 여길 줄 알지요. 수백만 원짜리 고급 시계와 세상에 단 한 명밖에 없는 당신이라는 사람의 가치 차이는 분명합니다. 아깝다거나 왜 사용하지 않았을까 같은 질문을 던지지 말고 지금까지 사용했는지 아닌지의 사실만을 바탕으로 버릴지 말지를 판단하세요. 버렸는데 필요해진다면 그때 다시 사면 됩니다.

용도가 겹치는 물건도 과감히 버려라

용도가 겹치는 물건은 단호하게 처분하세요. 대표적으로 입문서나 경제·경영서 같은 책이 있습니다. '지금 당장 부업을 시작해야겠다.', '프레젠테이션 역량을 늘리고 싶다.', '몸에 좋은 요리를 배우고 싶다.' 등 여러 이유로 자기 계발서나 실용서를 샀지만 읽지 않고 그저 책장을 장식하

기대에 부응하지 않겠습니다

는 장식물로 남는 경우가 많습니다. 한 권을 사고 나니 왠지 모르게 불안해져 또 한 권을 사들이곤 하지요. 그러다 어떤 책을 믿어야 좋을지 몰라서 또 한 권을 삽니다. 정보의 바다를 항해하기는커녕 난파를 먼저 걱정해야 할 처지입니다. 책의 용도를 다시 한번 생각해 보길 바랍니다. 물론 책에만 해당하는 이야기가 아니라 비슷한 용도의 물건을 여러 개 가지고 있을 필요는 없습니다.

소중한 물건을 눈길이 닿는 곳에 놓자

사용하지 않더라도 어머니의 유품인 시계나 손님용으로 놔둔 멋진 식기 같이 감정이 담긴 물건이 있습니다. 이처럼 버리기에 마음이 아픈 물건들은 물리적인 방법으로 정리를 해 보세요. 찬장 안쪽 깊숙한 곳에 보관하는 것이 아니라 생활하면서 눈길이 자주 닿는 장소에 놓는 겁니다. 언제나 앉는 서재 책상 바로 옆에 시계를 전시해 두거나 일 년에 몇 번밖에 오지 않는 손님이 아니라 자신을 위해 멋진 식기를 일상용으로 바꿔 사용해 보는 등 생활 속 동선 안으로 끌어들이세요.

스스로 판단과 의사결정을
내리는 방법② - 시간 정리법

물건 정리가 끝났으니, 이번에는 시간을 정리하는 법을 알아봅시다. 타인의 기대에 부응하기 위해 노력하다보면 나만의 시간을 보내기가 상당히 어렵습니다. 그렇게 하려고 해도 갑자기 타인의 의뢰나 권유를 받아 그쪽을 우선시하게 되지요. 그러니 먼저 24시간을 어떻게 사용할지 계획표를 만들어 객관화하는 방법을 추천합니다.

구체적으로는 일주일 동안 실제로 몇 시에 무엇을 했는지를 한 시간 단위로 기록합니다. 이렇게 모인 자료들은 정말로 많은 사실을 가르쳐줍니다. 단순히 기록하는 데에서 멈추지 말고 나를 위해 사용한 시간은 초록색으로, 타인을 위해 사용한 시간은 빨간색으로 칠해 봅시다. 나를

기대에 부응하지 않겠습니다

위한 시간은 목욕과 식사, 수면, 화장, 손톱 정리같이 나를 단장하는 시간도 포함합니다. 세탁이나 식사 준비 같은 집 안일은 나를 위해서만이 아니라 가족을 위한 측면도 있으므로 그 비율을 생각해 색을 나눠 칠하세요. 타인을 위한 시간은 타인과 오랫동안 전화 통화를 했다거나 선물을 고르거나 병원에 같이 가준 것, 친구의 부탁으로 영화 보러 같이 간 것, 집안일이나 육아, 어쩔 수 없이 참석한 송년회 등이 해당합니다.

당신의 일주일은 초록색인가요? 빨간색인가요? 나를 위해 사용할 수 있는 시간이 너무 적은 사람에게는 이제부터 소개할 대책을 따라 해 보길 추천합니다.

하루 24시간을 어떻게 사용했는지 돌이켜보자

1일 24시간이라는, 모든 사람에게 평등하게 주어진 시간을 어떻게 사용하고 있는지 우리는 보통 되돌아보지 않습니다.

예를 들어 신경질적인 상사 때문에 한 시간을 썼다면, 당연한 이야기지만 인생에서 한 시간이 줄어듭니다. 물론 잔업 수당이 나오니까 괜찮다며 그 시간을 즐기는 사람도 있습니다. 하지만 아무리 잔업 수당이 나와도 시간을 되찾기 위해서는 그보다 훨씬 더 많은 돈이 필요합니다. 반대로 대청소에 허비한 시간이 아까워 다음에는 업체에 의뢰해야겠다고 생각할 수 있지만, 삼십만 원 정도를 써서 절약할 수 있는 시간은 길게 봐야 두 시간입니다.

당신의 귀중한 24시간에 억지로 타인의 기대에 부응하기 위한 시간을 끼워 넣는 일은 하지 마세요. 여기서 소개하는 시간을 사용하는 방법을 활용해 나의 건강, 안전, 재산, 인간관계를 양호한 상태로 유지할 수 있는가를 기준 삼아 내 시간을 확보하기 위한 활동이 무엇인지 취사선택하려는 의식이 중요합니다.

하고 싶은 일과 해야 하는 일 사이의 균형을 잡자

24시간을 '타인을 위해' 해야 하는 일로 채워 넣지 않기 위해 추천하는 방법은 한 주를 시작하기 전 계획표에 이번 일주일 동안 해야 하는 일과 하고 싶은 일을 각각 목록화하는 겁니다.

예를 들어 타인을 위해 해야 하는 일은 파란색, 내가 하고 싶은 일은 초록색으로 색칠하고 몇 월, 며칠, 몇 시에 그 일을 할 것인지까지 적어 넣습니다. 그러면 일주일 후에는 파란색이 많은지 초록색이 많은지가 한눈에 들어올 겁니다. 파란색(타인을 위해 해야 하는 일)만 있다면, 몸 상태가 무너질지도 모릅니다. 혹시나 정말 그렇게 되었다면 컨디션이 안 좋았던 날이나 너무 타인을 위해서만 열심히 했다고 생각한 날을 자신에게 알리는 의미로 빨간색으로 기록해 두세요. 이러한 방법으로 계획표에 칠해진 색은 당신의 상태를 알 수 있는 척도가 됩니다.

스스로 판단과 의사결정을
내리는 방법③ - 사고 정리법

물건 정리, 시간 정리를 마치고 드디어 사고 정리를 할 때가 되었습니다. 무능/의존 스키마를 가진 사람은 이것도 아니고 저것도 아닌, 결론을 내지 못한 채로 끊임없이 생각만 하는 경향이 있다는 사실을 앞서 설명했습니다. 무엇이 문제인가를 꼽자면 결론이나 해결책을 고안하지 못하고 정신과 육체 모든 면에서 에너지를 소모하기만 하는 탓에 기진맥진한 상태가 되어버린다는 겁니다. 이렇게 되지 않기 위해서는 의사 결정의 틀을 사용해 결론을 빠르게 내어 생각에 생각을 반복하는 악순환에서 탈출해야 합니다.

이 과정을 차례차례 자세히 설명하겠습니다. 나에 관해

기대에 부응하지 않겠습니다

생각하는 상태로는 '반추反芻. rumination', '성찰省察. refection'이라는 두 가지 종류가 있지요. 반추란 이번 장에서 언급했던, 생각을 끊임없이 하는 데에 비해 결단은 내리지 못하는 과정에서 벗어나지 못해 내가 점점 소모되는 상태로, 불안이나 우울증과도 연관이 있습니다. 반추하고 있을 때 우리는 자신의 부정적인 면이나 잃어버린 것, 이미 지나가거나 사라져서 어찌할 수 없는 일에만 끊임없이 주의를 기울입니다. 이 때문에 눈앞에서 일어나고 있는 현실을 분석하거나 앞으로 어떻게 해야 하는지까지는 주의가 미치지 못하지요. 그래서 생각을 많이 하는 것에 비해 해결책을 찾아내지 못하고 이 때문에 기분이 계속 침울해지기만 합니다.

이에 반해 나에 관해 생각하는 방법 중 생산적이며 문제 해결에 도움 되는 방법이 성찰입니다. 학술적으로는 '성찰은 자기 이해를 증진하고 정신적 위생을 촉진하는 적응적인 측면을 가진다.Trapnell & Campbell, 1999'라고 설명합니다. 즉, 사물의 본질에 관해 깊이 사색하고 분석함으로써 자기 탐구를 즐기는 행위가 성찰입니다.

성찰이 어떠한 과정을 거쳐 적응적인 결과로 이어지는

가는 아직 확실히 밝혀지지 않았습니다. 인생을 철학적으로 파악하고 자기 분석에 힘을 쏟는다는 점에서 봤을 때 생각하는 양 자체는 반추와 비슷하지만, 시선이 향하는 대상이 부정적인 면만은 아니라는 특징을 가집니다. 반추가 아니라 성찰을 지향하고자 한다면 다음의 세 가지 의사 결정의 틀을 참고해 보길 바랍니다.

큰 틀부터 정하고 세부적인 부분을 생각하자

결단을 잘 내리지 못하는 사람은 세부적인 부분만 계속해서 생각하는 탓에 사고의 숲에서 길을 잃는 경향을 보입니다. 그러니 세부적인 부분이 아니라 큰 틀부터 먼저 정한다면 자기 나름의 답을 끌어내는 시간이 현격히 빨라질 겁니다.

소중히 여기는 가치관에 지금 내 모습이 일치하는가

인생에서 소중히 여기는 가치관이 무엇이냐고 물으면 잘 모르겠다고 답하는 사람이 대다수일 겁니다. 자세한 내용은 제9장, 제10장에서 언급하겠지만, 기본적으로 인생에서 무엇을 소중히 여기며 살아가는가는 누군가가 가르

기대에 부응하지 않겠습니다

쳐주는 것이 아니라 무조건 스스로 자유롭게 결정하는 형태가 가장 올바르지요.

예를 들어 인생에서 소중히 여기는 가치관이 '성실'이라고 해봅시다. 친구가 불편해할 만한 사실을 말해 줘야 하는데, 친구가 상처받는 결과로 이어지진 않을지, 말한 내가 미움받지는 않을지가 걱정되어 불안한 상태라고 가정합시다. 이러한 상황에서 사고를 정리하려 할 때 자신의 가치관을 떠올려 보세요.

'나는 성실함을 인생의 기준으로 두고 살 때 행복을 느끼는 사람이야. 그러니 친구가 상처받지 않았으면 좋겠다거나 내가 미움받을 수 있다는 사실을 염려해 얼버무리지 말고 제대로 성실하게 말하자.'

자신이 소중히 여기는 가치관을 떠올리면서 이와 같은 식으로 생각할 수 있습니다.

또는 어떤 친구와 함께 있을 때는 즐겁지만, 헤어진 후에 갑자기 피곤함이 몰려와 컨디션이 무너지는 현상이 반복된다고 가정해 봅시다. 이 친구와의 관계에 관해 이리저리 고민하다 끝내 사고 정리가 되지 않는다면 이때도 당신이 소중하게 생각하는 가치관을 떠올리는 것이 좋습니다.

'그 친구는 분명 솔직하고 재밌어. 하지만 헤어진 뒤에 내가 이렇게 피곤함을 느끼는 것은 내가 어느 부분에서는 무리해서 맞춰주고 있기 때문일 거야. 생각해 보면 그 친구 앞에서는 자연스럽게 있기 힘들고, 친구 앞에서 이상한 모습을 보인다면 나를 멀리할 것이라는 걱정이 들어. 이런 모습은 그다지 성실한 관계라고 말할 수 없어.'

이렇게 생각함으로써 그 친구 앞에서의 행동을 고치거나 아니면 좀 더 자연스럽게 있을 수 있는 다른 친구와 만나는 시간을 늘릴 수 있을 겁니다.

하고 싶은 것과 할 수 있는 것의 겹치는 부분을 선택하자

내 진로나 일과 관련한 결단만이 아니라 주거 지역이나 가족 사이에서의 일 등 우리는 인생에서 중요한 결단을 여러 번 내립니다. 당연한 말이지만 중요한 결단은 내가 하고 싶은지 아닌지만을 기준으로 삼아 판단할 수 없습니다.

예를 들어 어떤 직업을 선택할지 정하는 일은 매우 중요한 사항입니다. 잘하는 것과 못 하는 것의 차이가 극심한 사람에게는 하고 싶은 것과 할 수 있는 것에 큰 차이가 있어 둘 사이에 공통점을 찾아내기까지 많은 시간과 노력이 필요할 수도 있습니다.

이러한 상황의 해결법은 제10장에서 소개할 예정입니다. 부디 지금까지의 인생을 되돌아보며 실제로 이루어 낸 것과 이루어 내면 행복을 느낄 수 있는 것의 겹치는 부분을 발견해, 하고 싶은 것과 할 수 있는 것의 공통 지점을 찾아내길 바랍니다.

제

6

장

자존감이 ——————

—————— 낮은

사람 ——————

——————

정서적 결핍 스키마

나는 타인을 얼마나
믿으며 살까

이번 장에서는 정서적 결핍 스키마를 다루어 보고자 합니다. 사람이 살아가는 데에는 '나는 어느 정도 누군가에게 사랑받고 있겠지.' 혹은 '아마도 타인은 나를 이해해 줄 것이다.' 같은 감정이 필요합니다. 이러한 감정을 느끼지 못한 채 자란 사람이 많이 가지게 되는 신념이 바로 정서적 결핍 스키마입니다.

먼저 자신이 어느 정도의 정서적 결핍 스키마에 해당하는지 알아봅시다. 다음과 같은 생각을 하고 있지는 않은가요?

■ 누군가가 나를 이해해 주면 좋겠다고 바라는 마음이 다른

　기대에 부응하지 않겠습니다

사람에 비해 강하다고 느낀다. ☐

- 아무리 나와 친한 사람이라도 진정한 나를 안다면 도망치

  리라 생각하며 냉정하게 바라본다. ☐

- 그래봤자 타인은 타인. 어차피 나를 이해하지 못할 테니

  완전히 마음을 열지 않는다. ☐

- 누군가에게 버려져 상처를 입을 바에는 깊이 마음을 주지

  않는 편이 좋다고 생각한다. ☐

- 누군가가 나를 잘 대해 줄 때는 대체로 속셈이 있다고 생

  각한다. ☐

- 인간관계를 쌓는 법이 서툴러 되도록 사람을 피한다. ☐

어떤가요? 우리는 많든 적든 '사람에 대한 거리감'이나 '최저한의 경계심'을 가지고 있습니다. 모든 항목에 해당하는 사람은 그다지 많지 않을 겁니다. 하지만 정서적 결핍 스키마를 가진 사람은 어렸을 적에 타인에게 사랑받지 못해서 채워지지 않은 감정이 성인이 되어서도 마음속 깊은 곳에 자리한 탓에 비현실적일 정도로 강한 바람을 가지거나 상대방의 작은 태도도 과하게 판단하는 등 극단적인 생각을 하는 경향이 있습니다.

상대방에게 깊이 관여하지 않는 게 좋다는 생각이나 사람을 피하는 행동도 사실은 누군가에게 사랑받고 싶다는 강한 바람의 도착(倒錯)일 수 있습니다. 냉정한 인간관을 가진 것도 상처받지 않도록 자신을 보호하고자 하는 측면(중재적 신념)의 한 모습일 수도 있습니다. 그렇다 보니 "나를 좋아한다니 말도 안 돼! 거짓말이야! 나를 내버려 둬."라고 외치면서도 마음속으로는 맹렬하게 사랑을 갈구하는 복잡한 경향을 보이지요.

주위 사람들은 이 같은 격렬한 모습과 갈팡질팡하는 태도에 휘둘리다 지쳐버리게 됩니다. 결국 당사자는 스키마의 '예언'대로 바라던 애정을 얻지 못하게 됩니다. 정서적 결핍 스키마를 가진 사람이 주로 끌어안고 있을 중재적 신념으로 다음과 같은 것들이 있습니다.

- 부모나 형제자매를 대상으로 몇 번이고 자신을 좋아하는지 확인한다.
- 가족이 자신에 대한 모든 것을 이해해 주길 바란다.
- 친구와의 거리감이 가깝고 친구가 다른 사람과 사이좋게 지내는 것을 두려워한다.

기대에 부응하지 않겠습니다

- 친구가 자신의 모든 것을 알아주기를 바라는 마음에 친구에게 자신의 속마음을 쉽게 드러낸다. (상대가 자신이 생각한 반응을 보이지 않으면 불안하다.)
- 다른 사람과 조금이라도 어색해지면 빠르게 연을 끊으려 한다.

사랑받기 위해
나를 연기한다

정서적 결핍 스키마를 가지면 왜 타인의 기대에 부응하기 위해 노력할까요? 정서적 결핍 스키마를 가진 사람은 명백히 다른 온도, 다르게 표현하자면 죽느냐 사느냐의 기세로 타인의 사랑을 갈구합니다. 그러면서 애정을 좇을 때처럼 그 에너지를 상대에게 아낌없이 쏟지요. 그리고 '상대방은 확실히 나에게 애정을 쏟아주고 있는가?', '정말로 믿어도 되는가?', '배신할 징후가 보이지 않는가?'를 생각하며 항상 상대방의 일거수일투족에 주목합니다. 그 결과 자신도 모르게 결점을 내보이지 않으려고 진정한 자신을 속이고 거짓된 모습을 연기합니다. 이러한 모습이야말로 타인의 기대에 사로잡힌 상태라고 할 수 있습니다.

기대에 부응하지 않겠습니다

나의 자신감을 타인에게
맡기지는 않았을까

    인지행동치료의 기법은 애정을 얻기 위해 상대의 기대에 계속 부응하려다가 끝내 지쳐버리는 상황을 막아주는 데에도 효과적입니다. 갑작스럽지만 여기서 질문을 던져 보겠습니다. 다음 문장의 괄호 안을 당신이 채우려 한다면 어떤 말을 넣을 것인가요? 잠시 생각해 보세요.

   ●   나는 (   ) 니까 자신이 있다. (혹은 자신이 없다.)

    어떤 말을 넣어도 괜찮습니다. 예를 들어 아래와 같은 문장을 만들 수 있습니다.

- 나는 (일로 성공 가도를 달리고 있으)니까 자신이 있다.

- 나는 (비싼 집을 샀으)니까 자신이 있다.

- 나는 (SNS에서 팔로워가 많으)니까 자신이 있다.

- 나는 (아이들을 멋지게 키워냈으)니까 자신이 있다.

- 나는 (아주 멋진 사람의 배우자)니까 자신이 있다.

사실 이 괄호 안에 적은 말이 당신의 자아 존중감(이하 자존감)의 기반이 됩니다. 정서적 결핍 스키마를 가진 사람은 아래처럼 괄호 안에 사람에게 사랑받고 있는지 아닌지에 대한 내용이 들어갈 확률이 높지요.

- 나는 (그 사람에게 사랑받고 있으)니까 자신이 있다.

- 나는 (누구에게도 사랑받지 못하)니까 자신이 없다.

자존감Self-esteem이란 있는 그대로의 자신을 받아들이고 소중하게 생각하는 감정입니다. 하지만 정서적 결핍 스키마를 가진 사람은 자존감의 기반이 타인에게 사랑받는지 아닌지에 크게 좌우됩니다. 당신이 괄호 안에 넣은 말은 자존감을 가지기 위한 '조건'이라고 볼 수 있지요. 조건이 갖춰졌을 때 비로소 안정된 자존감이 생기는 것을 '조건부 자존감'이라고 부릅니다.

조건부 자존감에는 함정이 존재합니다. '조건'이 타인을 향한 의존과 연관한 경우지요. 사람의 마음은 움직이기 쉬워 한곳에 머무르지 않기 때문입니다.

이런 식으로 말하면 정서적 결핍 스키마를 가진 사람은 '역시 사람의 애정 따위는 불안정해 믿을 수가 없다.'라고 비관할지도 모릅니다. 아니면 이런 사실을 앞에 두고선 그렇지 않다고 반발하고 누구보다도 불안에 떠는 사람이 오히려 정서적 결핍 스키마를 가진 사람일 수도 있습니다. 언젠가 사랑받지 못할지도 모른다는 불안은 생각하지 않으려 하면 할수록 커집니다.

있는 그대로의 나를
사랑하는 방법

　심리학적으로는 불안을 피하기보다 오히려 직면하는 편이 불안을 누그러뜨리는 데에 효과적이라고 알려져 있습니다. 그러니 정서적 결핍 스키마를 가진 사람은 '혹시 누군가로부터 사랑받지 못한다면 어떻게 할까?'를 생각해 보아야 합니다.

　'천애고독天涯孤獨. 멀리 떨어진 낯선 고장에서 혼자 쓸쓸히 지낸다는 뜻으로, 의지할 곳이 없음을 이르는 말이라면 살아있는 의미가 없어.' 같은 생각을 하지는 않나요? 분명 친구나 가족, 애인이나 회사 동료에게 둘러싸여 애정을 나누는 인생이 본인이 생각하는 행복한 인생일 겁니다.

　한편으로 '주위 사람들에게서 충분한 사랑을 받고 있음

　기대에 부응하지 않겠습니다

에도 가장 중요한 내가 나를 좋아하지 않는다.'는 것 역시 불행한 일입니다. 아무리 세상 사람들에게서 사랑받고 있어도 나와 가장 가까운 존재인 내가 그것을 부정하고 가장 가까운 곳에서 나를 비난하기 때문입니다. 물론 있는 그대로의 나를 좋아하기란 쉽지 않은 일이지요. 앞서 본 질문에서 괄호 안 부분에 넣을 여러 가지 말이 그 즉시 떠오른 사람이 오히려 지금의 나에게 만족하지 않고 있을 가능성이 높습니다.

자존감을 얻고자 할 때 꼭 아무런 조건도 부과하지 않는 '무조건 자존감'을 가진 상태를 목표로 삼았으면 합니다. 무조건 자존감이란 일로 성공하든 성공하지 못하든, 누군가에게 사랑받고 있든 사랑받고 있지 못하든 있는 그대로의 나에게서 눈을 돌리지 않고 나에게 가치가 있음을 느끼는 상태를 말합니다.

자신에게 엄격하고 타인에게 상냥한 사람일수록 친한 사람을 대할 때 무조건으로 그 존재를 긍정합니다. "인생은 길기에 내 마음대로 되지 않을 때도 있어. 너의 가치는 변하지 않아." 이 같은 말을 타인에게는 진심으로 전할 겁니다.

이러한 시선을 똑같이 나에게 보내주세요. 자신에게 높은 조건을 부과하는 행동을 멈추고 있는 그대로의 나를 받아들이고 가치 있는 인간임을 느끼는 연습을 해 봅시다. 가능한 주관적이 아니라 친구에게 조언하듯 거리감과 객관성을 유지하는 것이 핵심입니다. 내가 나를 사랑하는 것은 인생에 있어서 가장 큰 안전망이자 행복의 조건이라고 말할 수 있습니다.

자존감은 사람에 따라 정도의 차이가 큽니다. 자존감이 낮은 사람은 어떻게 행동에 변화를 주어야 자신을 차츰차츰 되찾을 수 있을까요? 그 방법에 관해서는 제9장에서 다루겠습니다.

기대에 부응하지 않겠습니다

'진짜' 사랑을 받기 위해서는
동등해져야 한다

　있는 그대로의 자신을 조금씩 받아들이면 상대적으로 사람에게서 받는 애정에 자존감의 기반을 두는 경우가 줄어듭니다. 상대로부터 버려지지 않으려고 필사적으로 억지웃음을 띄우며 남의 비위를 맞추던 자신에게서 벗어나 조금 더 내 기분에 정직해진 상태로 상대방과 대치할 수 있지요. 미움받기 싫어서 NO라고 말하지 못하던 사람이 "오늘은 여기까지 할게요."라고 확실히 유혹을 거절할 수 있게 될지도 모릅니다.

　더불어 정서적 결핍 스키마를 가진 사람이 상대를 대하는 태도를 바꾸면 재미있는 현상이 일어납니다. 상대의 태도도 마찬가지로 바뀌는 겁니다. 상대방 위치에서 보자면 정서적 결핍 스키마를 가진 사람은 항상 눈치를 보며 자신이 없고, 주뼛주뼛하게 본심을 알 수 없이 우유부단하게 행동하는 사람으로 보입니다.

이러한 사람과 대등하게 친밀한 관계를 쌓을 수 있을까요? 주뼛주뼛한 태도는 전혀 매력적이지 않은 데다가 본심을 알 수 없는 상대에게 마음을 열고 다가갈 사람이 과연 얼마나 있을까요. 매일 일방적인 요청만으로 모든 일을 결정하는 관계성이 만들어지면 요청 받는 사람에게 심리적인 부담마저 생기게 될 것이 명확합니다. 그리고 그 결과 실제로 사랑받지 못하는 상태에 놓이게 됩니다.

스스로 정서적 결핍 스키마를 자각하는 데에 성공했다면 이제는 과도하게 상대방의 눈치를 보지 않고, 자신의 솔직한 기분을 전하고, 때로는 약한 모습도 보이면서 타인과의 접점을 만들어야 합니다. 어떠한 방법이 있을까요? 이를 위해서는 먼저 정서적 결핍 스키마에서 벗어날 필요가 있습니다.

인정해야
떠나 보낼 수 있다

정서적 결핍 스키마는 타인을 믿기 힘들게 만들고 자신에 대해서도 부정적으로 받아들이게 만드는 괴로운 믿음입니다. 가능한 가지고 싶지 않은 스키마지만 한 번 발생하면 웬만해서 벗어나기 어렵습니다. 왜냐하면 '나는 사랑받지 못해.'라고 믿기 때문에 타인에 대한 기대를 단념하고 이를 방패 삼아 자신을 보호하기 때문이지요. 또한 이 스키마를 지니면 타인의 기분 변화를 민감하게 알아차려 처세를 잘하는 사람, 분위기를 잘 잡는 사람이라며 호평을 받기도 합니다. 어떠한 스키마든 소유자에게 있어서는 구세주나 다름없는 면이 있기에 더욱 벗어나기가 어렵습니다. 스키마는 아무리 괴로운 것이라도 자신을 지키고 일상생활에서 도움이 됐기 때문에 뿌리 깊게 자리할 수 있었다는 점을 이해해야만 합니다.

그렇다면 정서적 결핍 스키마에서 벗어나기 위해서는 어떻게 해야 할까요? 여기서 일단 가볍게 참고삼아 소개하고 싶은 것이 있는데, 바로 일본의 '제령除靈 문화'입니다. (갑작스러운 단어에 놀랐을지도 모르겠습니다.)

제령이란 악령이 들러붙었을 때 영혼과 대화를 할 수 있는 사람(영매)을 불러 퇴치하는 행위인데, 이때 영매 대부분은 다짜고짜 악령에게 나가라고 하지 않습니다. "당신은 그러한 생각을 하고 있군요. 하지만 당신은 이미 죽은 사람입니다. 이 사람의 몸에서 나가주십시오."라고 먼저 정중히 말을 전합니다.

여기서 주목해야 할 부분은 제령하기 전 단계에서 행하는 '상대의 존재를 인정'하는 과정입니다. 이는 정서적 결핍 스키마에서 벗어나려 할 때 유효한 사고법이기도 하지요. "맞아. 그랬지. 그때는 그 상황에서는 이러한 스키마를 가질 수밖에 없었어."라고 스키마를 먼저 인정한 뒤 "오늘까지 내가 부주의하게 상처받는 일에서 나를 지켜줘서 고

기대에 부응하지 않겠습니다

마웠어." 같은 따뜻한 말로 여태까지의 노력을 어루만져
주면서 악령을 성불시키듯 뿌리 깊이 박혀있는 스키마와
이별을 고해 보는 것은 어떨까요. 어렸을 적 상처받으며
필사적으로 쌓아 올린 스키마지만 이러한 과정을 거친다
면 마지막에는 편안한 마음으로 떠나보낼 수 있을 겁니다.

사랑받았던 기억을
쌓아 올리자

그렇지만 괴로운 스키마에서 벗어나는 데에 성공했다고 해서 모든 문제가 해결된 것은 아닙니다. 이제부터 어떤 규칙으로 사람과 접해야 하느냐는 새로운 난제가 기다리고 있습니다. 바꿔 말하면 낡은 스키마 위에 어떻게 새로운 스키마를 장착시킬 것이냐는 문제입니다. 여기서부터는 정서적 결핍 스키마를 반대인 정서적 충족 스키마로 고치기 위한 과정을 소개하려 합니다.

지금까지의 인생을 찬찬히 되돌아보세요. 누구에게도 사랑받지 못한 인생의 연속이었나요? 지금까지 살아온 나날 중에 분명 상냥한 대우를 받은 경험, 도움받은 경험이 있지 않았나요?

기대에 부응하지 않겠습니다

'동급생과는 잘 지내지 못했지만, 동아리 선생님은 나를 인정해 주었어.', '동성과는 사이가 좋지 못했지만, 연인만큼은 나를 따스하게 받아주었어.', '그 직장에서만큼은 나를 소중히 여겨주었어.' 아주 짧은 기간, 특정 인물이더라도 상관없습니다. '예외적으로 그때는 사랑받고 있었다.', '그때만큼은 사람을 조금이라도 믿을 수 있었다.' 같은 시기를 떠올려 보세요. 왜냐하면 그 경험에서 만들어지는 스키마가 있을 것이기 때문입니다.

그 시기를 떠올렸다면 '연배가 나와는 조금 떨어진 사람이라면 내 결점도 너그럽게 봐줄지도 몰라.', '이성을 대할 때만큼의 거리감을 가지고 동성을 대하면 될지도 몰라.', '잘하는 분야에서 알게 된 사람과는 잘 지낼지도 몰라.' 같이 사소할지라도 나만의 경험치를 조금씩 쌓아 보세요.

금방 떠오르지 않을 수도 있습니다. 너무 복잡하게 생각하지 말고 즐거웠던 시기, 나다운 나로 있을 수 있던 순간, 나로서도 훌륭하게 극복했던 체험, 안심할 수 있었던 경험 등을 떠올리면 됩니다.

누군가의 얼굴을 떠올려 보는 것도 좋은 방법입니다. 심리적으로 나와 가까운 사람의 얼굴이 떠오르나요? 그 사람과 지금까지 어떤 일이 있었을까요? 어째서 그 사람을 친근하게 느끼는 걸까요? 분명 그 감정에 다다르게 만든 사건이 있을 겁니다.

이렇게 내 안에서 정서적 충족 스키마로 이어지는 소재가 모였다면 내가 이해하기 쉬운 형태로 항상 떠올릴 수 있도록 만들어 둡시다. 수첩에 메모해도 좋고 스마트폰의 문서 기록 기능을 사용해도 좋습니다. 예를 들어 '나는 많은 사람에게 사랑받는 사람은 아니지만, 나를 이해해 주길 바라는 사람들에게는 이해받고 있다.', '같은 세대 사람들과는 잘 지내지 못하지만, 나이 차이가 조금 있는 사람들과는 좋은 관계를 쌓는다.'처럼 말입니다. 이러한 메모는 누군가에게 이해받지 못하고, 고독감에 힘들 때, 즉, 정서적 결핍 스키마가 자극받았을 때 '심리적 방패'가 되어줍니다. 그리고 몇 번이고 이 메모를 접함으로써 나의 새로운 정서적 충족 스키마를 형성할 수 있습니다.

하지만 이제 막 태어난 정서적 충족 스키마는 완숙 단계에 이른 정서적 결핍 스키마에 쉽게 지고는 합니다. 구태여 스키마를 의인화해 표현한다면, 오래된 스키마는 아주

그럴싸하게 "너 따위가 어차피 사랑받을 리 없잖아. 그만 우쭐대."라며 비아냥거릴 겁니다. 거들먹거리며 "괜찮니? 그렇게 사람을 믿으면 또 아픈 경험을 하게 될 거야."라고 조언 아닌 조언을 할지도 모르지요.

그러므로 막 태어난 스키마의 동료를 늘릴 필요가 있습니다. '세상에 나 하나 받아 줄 별난 사람이 없겠어?' 같이 새로운 스키마를 지켜 줄 메모를 준비해 두세요.

정서적 결핍 스키마를 바로잡기 위해서는 연 단위의 시간이 걸린다고 알려져 있습니다. 하지만 조금씩이라도 맞서 싸우면서 느리지만 확실하게 앞으로 나아가 봅시다. 그렇게 애지중지 정서적 충족 스키마를 키우며 지금까지 소개한 행동 실험이나 관찰법을 병행한다면 새로운 스키마에 대한 믿음을 더욱 높이 쌓아 올릴 수 있을 겁니다.

다음 장에서는 타인과 대등한 위치에서 친밀한 관계를 쌓기 위한 '자기주장훈련'이라는 'DESC' 대화법을 알아보겠습니다.

타인도 나도 ——— 동등하게 존중하는 ——— 방법

자기주장훈련 'DESC' 대화법

관계를 바꾸기가
왜 어려울까

지금까지 타인의 기대에 사로잡히기 쉬운 네 가지 스키마를 알아보고 각 스키마를 가진 사람의 특징과 스키마를 극복하는 방법에 관해 설명했습니다. 여러 사례를 바탕으로 과거에는 도움이 되었던 스키마가 지금에 와서는 삶의 고통을 가져오는 원인이 되었다는 사실을 확인하는 동시에 지금까지 당연히 여겨왔던 행동 유형을 의식적으로 바꿔 자신의 부정적인 믿음이 올바르지 않다는 점을 행동 실험으로 확인하는 것이 핵심입니다.

하지만 인간관계 속에서 행동 유형을 바꾸기란 매우 어려운 면이 있지요. 여태까지와는 다른 행동을 하려고 할 때 상대방과의 사이에서 불화가 발생하거나 상대방이 거

기대에 부응하지 않겠습니다

북함 혹은 불편함을 느끼고 종종 강제로 원래 행동 유형으로 되돌리려고 하기 때문입니다.

특히 오랫동안 알아 온 상대방과의 사이에서 '너는 이러한 사람이구나.' 같은 인식이 정착하거나 '우리의 관계에서 너는 이러한 역할이구나.', '내가 이러한 행동을 하면 너는 이렇게 행동하는구나.' 같이 양쪽의 역할이 완성되면 그것을 뒤집기란 쉽지 않습니다. 이 관계를 바꾸려면 소통 기법이 필요한데, 여기서 소개하려는 것이 '자기주장훈련 Assertion training'이라고 부르는 기법입니다.

상대를 존중하며
나의 주장을 펼칠 수 있다

　자기주장훈련이란 매우 간단하게 설명하면 서로의 입장이나 기분을 존중하며 대등하게 자기표현을 하는 적극적인Assertive 대화 기법입니다.

　이 기법의 시작은 1970년대 미국으로 거슬러 올라가는데, 당시 미국은 인권 운동이 가장 활발히 전개되던 때였습니다. 이 운동이 펼쳐지며 권리를 주장하지 못했던 위치에 있던 사람들도 자기 의사와 생각, 감정을 표현하는 것이 얼마나 중요한지를 인식하기 시작했지요. 이 과정에서 자기주장훈련의 기본적인 사고와 기법이 확립되었습니다. 그리고 1980년대에 이르러서는 자기주장훈련이 교육, 복지, 의료 같은 분야 등 사람을 돕거나 구하는 직업을 가진 사람들에게 활용되며 널리 알려졌습니다.

자기주장훈련은 상대방과 존중을 바탕으로 한 좋은 관계를 쌓기 위해서는 대등해야 한다는 전제를 가집니다. 상대방의 마음에 들기 위해 하고 싶은 말을 삼가고 자기표현을 하지 않는 건 진정한 의미의 좋은 관계라 보기 어렵습니다. 반대로 자기표현을 너무 우선해 상대방의 처지나 기분을 무시하는 것도 좋은 관계라고 말할 수 없습니다.

상대방의 처지와 기분과 자신의 처지와 기분을 똑같이 소중히 다루고, 더불어 상대방의 자기표현에 귀를 기울이며 내가 표현하고 싶은 것을 능숙하게 전하는 것. 이것이 자기주장훈련에서 가장 중요하게 생각하는, 화자끼리 대등한 관계의 올바른 모습입니다. 이 기법을 몸에 익히면 원하지 않는 형태의 인간관계도 수월히 바꿀 수 있습니다. 구체적인 기법은 예를 들어 설명하겠습니다.

분위기를 너무 신경 쓰는 E씨

E씨는 어른스럽고 순종적인 사람이라고 알려져 있다. 예를 들어 친구들과 여행 계획을 짤 때 친구 한 명이 "3년 만에 모두가 함께하는 여행이기도 하니 큰맘 먹고 고

급 호텔에 묵는 게 어때?"라고 말했다고 치자. 다른 친구들도 "오, 그러자!", "이 호텔 어때? 1박에 50만 원인데 방에 노천탕도 있어."라고 맞장구치며 상당히 들떠있다.

하지만 E씨는 내심 곤란하다. '지금은 돈을 절약하고 싶은데. 함께 여행하고 싶지만, 조금 싼 호텔로 가면 안 될까.' 그러나 이 생각을 입 밖으로 꺼내지는 못한다. '모두 저렇게나 즐거워하는데 내 의견을 말해서 찬물을 끼얹을 수는 없어.'라고 생각했기 때문이다. 끝내 E씨는 아무 의견도 내지 못한 채 이야기는 마무리되었고, "E도 괜찮지?"라며 묻는 친구에게 웃는 얼굴로 "응. 좋아. 엄청나게 기대된다."라고 대답할 수밖에 없었다.

하고 싶은 말이 있어도 억누르고 친구들의 대화에 따라가는 E씨. 친구들은 E씨의 기분이나 상태를 신경 쓰지 않습니다. 계획이 어떠냐는 친구의 질문에 본심을 숨기고 굉장히 기대된다고 대답하는 E씨에게도 문제가 있지요. E씨와 친구들과의 관계는 대등하다고 볼 수 없습니다.

기대에 부응하지 않겠습니다

관계를 변화시키는
DESC 대화법

이러한 관계에 변화를 주려고 할 때 자기주장훈련이 유용합니다. 여기서는 자기주장훈련 중 하나인 'DESC' 대화법이라고 불리는 기법에 따라 E씨가 능숙하게 자기표현을 하게 되기까지의 과정을 설명하겠습니다. DESC 대화법은 총 네 가지 순서로 이루어져 있습니다.

❶ Describe: 상황을 묘사하다

먼저 해결하고 싶은 문제를 객관적으로 생각해 보세요. E씨의 예에서는 '친구들과의 여행에서 방에 노천탕이 있는 1박에 50만 원짜리 호텔을 예약하려 한다.'까지가 객관적인 묘사입니다.

여기서는 절대 '과하게 좋은 호텔에 묵으려고 한다.' 같이 주관이 들어간 표현은 하지 않는 것이 중요합니다. 목적은 상대방이 내 의견에 귀를 기울이게 만드는 것. 상대방이 "응. 정말 그렇네."라고 인식할 수 있는 사실에만 초점을 맞춰야 합니다.

❷ Express: 설명하다

다음으로 자신의 상황에서 의견과 기분을 진술해야 합니다. E씨가 이 여행에 참여하려는 이유는 같이 여행 가는 친구들이 앞으로도 계속 만나고 싶은 소중한 친구들이기 때문입니다. 3년 만의 여행을 함께 즐기고는 싶지만, 현재 경제 상황이 여의찮아서 비용이 부담된다는 사실을 전해야 합니다.

여기에서의 핵심은 상대방에게 앞으로도 사이좋게 가까이 지내고 싶다는 점을 가장 먼저 말하고 주장(여기서는 비용이 부담된다는 사실)을 전할 때도 감정적이 되지 않는 겁니다.

기대에 부응하지 않겠습니다

❸ Suggest: 제시하다

자신의 주장을 펼치는 데에서 멈추지 말고, 대안을 제시해야 합니다. E씨의 예에서는 노천탕이 딸린 객실은 아니지만, 대형 온천탕 안에 있는 유명 노천탕이 있는 조금 저렴한 호텔에서 묵자는 의견을 제안할 수 있을 겁니다.

❹ Choose: 선택하다

내가 낸 제안에 상대방이 동의나 거부를 하거나 제안이 많을 때는 최선의 선택을 할 수 있도록 해야 합니다. 여러 선택지를 제안한다면 좀 더 나은, 아무런 문제 없이 모두의 희망을 충족시키는 답을 찾을 수 있을지도 모릅니다.

E씨의 경우에는 "방에 온천탕은 없지만 공중탕에 멋진 노천탕이 있는 조금 저렴한 호텔은 어때? 아니면 성수기를 피해서 계획을 짜는 것도 괜찮지 않을까?"라고 제안해 보는 것이지요. 친구들은 어느 쪽을 선택할까요?

나의 감정에 정직해야
관계가 건강해진다

E씨는 DESC 대화법에 따라 자신의 주장을 친구에게 말해 보았습니다. 모처럼 들뜬 분위기에 찬물을 끼얹은 것은 아닐지 내심 불안했지요. 하지만 친구들은 "그건 그래. 우리가 너무 즐길 생각만 했네."라고 의외의 반응을 보였습니다. 심지어 한 명은 "냉정하게 보면 50만 원은 너무 비싸긴 해. 솔직히 나도 다들 하루 숙박에 50만 원이나 쓸 수 있을 정도로 돈이 많나 생각했거든. 말해줘서 고마워."라고 말해 주었습니다.

E씨는 진심으로 안심했습니다. 친구들 사이에서 자기 기분을 정직하게 주장한 적은 이번이 처음이었지요. 하지만 과감히 말해서 다행이라는 생각이 들었습니다. 자기주

기대에 부응하지 않겠습니다

장훈련에 따라 상대방을 충분히 존중하면서 주장을 펼쳤기에 좋은 결과로 이어질 수 있었습니다.

상대방도 나도 소중히 여기는 것. 즉, 적극적인 관계를 만드는 데에는 정직함이 매우 중요합니다. 여기서 말하는 정직함이란 자기감정에 정직해지는 겁니다. 인간관계에서 분노, 질투, 불안같이 자신의 부정적인 감정을 인식했을 때 일반적으로 그것을 없애거나 숨기거나 잊어버리려고 합니다. 하지만 이러한 감정은 매우 중요한 신호입니다. 무시하려 하지 말고 자기감정을 소중히 여기며 자기표현을 한다면 상대방과 더욱 건강한 관계를 쌓아 나갈 수 있으니 꼭 실천해 보길 바랍니다.

다음 장에서는 적극적인 대화법과 이어지는 '사람과의 경계선'에 관해 알아보도록 합시다.

중요한 건 ──── ──── 선을 넘지 않는 것 ────

너와 나, 우리 사이
확실히 선을 그어야 한다

    타인의 기대에 사로잡히기 쉬운 사람은 자신과 상대방 사이에 경계선이 애매한 경우가 많습니다. 상대방의 문제인 것이 분명한 부분까지 본인이 해결해야 하는 문제라고 생각하기 때문입니다.

    예를 들어 친한 친구의 고민 상담을 들어주었을 때를 떠올려 보세요. 나와 상대방과의 사이에 경계선이 확실한 사람이라면 동정심을 가지고 마치 가족의 일인 양 이야기를 들으면서도 '이것은 상대방의 문제'라는 점을 이해하고 있습니다. 하지만 나와 상대방과의 경계선이 애매한 사람은 상대방의 고민을 마치 자신이 해결해야만 하는(그렇게 기대받고 있다.) 것처럼 생각해 무리해서라도 상대방을 위해

기대에 부응하지 않겠습니다

행동하려 합니다.

또한 사이가 좋지 않은 부부를 떠올려 봅시다. 경계선이 확실한 사람은 자신에게 문제가 있다면 그 사실을 인정하고, 상대방에게 문제가 있는 경우에도 마찬가지로 이해할 겁니다. 한편 경계선이 애매한 사람은 상대방의 성격이나 사고, 가치관 등에 문제가 있어도 자신에게 모든 책임이 있는 양 느껴 반성하고 관계 회복을 위한 행동을 취해야 한다(라고 기대받고 있다.)고 생각합니다.

이러한 사람에게 중요한 것이 '나와 상대방과의 사이에 경계선 긋기'입니다. 조금 더 깊이 파고들어 가면 나와 상대방이라는 두 사람 사이에 존재하는 문제는 다음 세 종류로 분류할 수 있습니다.

❶ 나의 문제
❷ 우리의 문제
❸ 상대방의 문제

여기에 맞게 문제를 구분하면 해결의 책임이 누구에게 있는지 확실히 보일 겁니다.

❶ 나의 문제

예를 들어 내 일에서의 문제, 내 경제적인 문제 등이 여기에 해당합니다. 누군가에게 상담받더라도 그 문제를 해결할 책임은 상대방에게 있지 않지요. 어디까지나 나에게 있습니다.

또한 인간관계에 있어 나의 성격, 사고 등이 문제의 원인이 되는 때도 있을 겁니다. 애초에 말주변이 없거나, 어떠한 문제가 발생했을 때 문제로부터 도망치는 버릇이 있다고 가정합시다. 이 때문에 직장과 가정에서의 인간관계가 원활하지 못하다면 이 문제를 개선할 필요가 있는 주체는 바로 나입니다. (말주변을 개선하기 위해 대화법을 배우거나, 도망가는 버릇을 자각하고 상대방과 의견을 주고받는 연습을 해 보는 것 등이 있습니다.)

❷ 우리의 문제

예를 들어 부부 사이에서의 육아 문제같이 한쪽에 일방적이 아니라 양쪽에게 책임이 있는 문제, 나와 상대방이 한데 묶여서 발생한 문제는 여기로 분류합니다. 양쪽의 성격 조합, 사고나 가치관의 차이로 발생하는 문제를 해결할

기대에 부응하지 않겠습니다

책임은 당연히 양쪽 모두에게 있습니다.

❸ 상대방의 문제

상대방 일에서의 문제, 상대방의 경제적인 문제 등이 여기에 속합니다. 상담을 받더라도 해결의 책임은 나에게 있지 않습니다. 어디까지나 상대방이 해결해야 하는 문제지요.

인간관계에 초점을 맞추면, 상대방의 성격이나 사고 등의 문제가 여기에 해당합니다. 예를 들어 상대방이 감정적인 상태에 빠지기 쉬운 사람이라서 한 번 불이 붙으면 웬만해서는 멈추지 않거나 불만을 마음속에 쌓아두다 폭발해서 결국 컨디션이 무너지는 경우를 들 수 있습니다.

상대방의 문제를 나의 문제인 양 끌어안거나 인내하는 행동은 자신을 괴롭힐 뿐만 아니라 상대방이 스스로 문제를 끝내 자각하지 못하는 원인이 되기도 합니다. 가족과 친구, 애인은 상담 치료사가 될 수 없고, 될 필요도 없습니다.

눈앞의 문제를 어느 종류로 분류할지, 해결 책임이 누구에게 있는지를 반드시 상대방에게 전할 필요는 없습니다. 특히 상대방이 감정적인 상태일 때에는 문제의 구분을 전한다 하더라도 상대방이 그것을 받아들이기 힘들 겁니다. 어디까지나 내가 분류를 할 수 있다면 그것으로 충분합니다.

이러한 과정을 거치기만 해도 심적으로 정리하기가 쉬워져 상대방의 말을 그대로 받아들여 화가 나거나 자신을 책망하다 우울해지는 사태를 막을 수 있습니다. 그러니 가장 먼저 '이것은 내 문제', '그것은 우리 문제', '저것부터는 상대방의 문제'라며 문제를 분류하는 습관을 들여야 합니다.

기대에 부응하지 않겠습니다

선을 확실히
구분하는 방법

여기서부터는 나와 상대방과의 사이에 어떻게 선을 그을지 구체적인 예를 통해 알아봅시다.

—— 아내의 감정에 휘둘리는 F씨 ——

F씨는 대범한 성격을 가졌다. 이에 비해 아내는 예민하고 꼼꼼한 성격으로 어떤 일이든 대충하지 않는 완벽주의자다. 결혼 초창기부터 성격 차이로 싸울 때가 많았지만, 언제나 F씨가 양보해 그럭저럭 부부 관계를 유지해 왔다.

그런데 아이가 태어난 뒤부터 아내의 신경은 더욱 날카로워졌다. 아이가 과자를 먹다 흘려서 소파를 더럽히거나 올바른 방법으로 연필을 쥐지 않고 숙제를 하면 아내는 매우 무서운 얼굴로 아이를 혼냈다.

애초에 아내의 교육 방침에 동의하지 않고 아이는 좀 더 자유롭게 자라야 한다고 생각하는 F씨지만, 아내로부터 "당신이 좀 더 강하게 말해."라는 말을 자주 들으면서 최근에는 F씨도 아이에게 목소리를 높이는 일이 잦아졌다. 이때마다 F씨는 매우 감정적인 상태가 되었기에 이러한 아빠의 모습 앞에서 아이는 실패하지 않는 방법을 배우는 것이 아니라 그저 위축되어 울기만 할 뿐이었다. 예전이라면 이 정도 일로 목소리를 높이지 않았을 텐데, 좀 더 너그러운 아빠가 되고 싶어 답답하다며 자기혐오에 빠진 F씨다.

F씨는 감정적인 아내의 모습을 보는 것이 싫어서 아내의 감정 변화를 지나치게 살핍니다. 이 때문에 아내와 자신 사이의 경계선이 애매해져 필요 이상으로 아내의 기대를 읽고 마치 그것이 자신의 사고와 감정인 것처럼 행동하고 있습니다. 즉, F씨는 아내의 '아이에게 제대로 말해 주길 바란다.'는 기대를 자기가 아이에게 그렇게 생각하는

기대에 부응하지 않겠습니다

양 받아들이지요. 하지만 아이는 견디기 힘듭니다. 신경질적인 부모가 돌아가면서 꾸짖고 있는 것이나 마찬가지이기 때문입니다. 그리고 혼나는 빈도와 강도에 비해 어떻게 하면 실패하지 않는지, 어떻게 해야 올바르게 행동하는 것인지는 전혀 학습하지 못합니다.

F씨가 어떻게 해야 자신과 아내와의 경계선을 잘 긋고 효과적으로 육아를 할 수 있을까요. 앞서 언급한 나의 문제, 우리의 문제, 상대방의 문제라는 세 가지 구분을 통해 F씨의 문제를 생각해 보도록 합시다.

나의 문제

아내의 상태를 너무 살펴서 자신의 진짜 생각과 감정을 놓치고 있다는 점은 F씨 본인의 문제입니다. 또한 너무 감정적인 모습만 보여 아이에게 실제로 전하고 싶은 행동을 구체적으로 전하지 못하고 있습니다.

동시에 시선을 달리하면 자신과 아내의 육아 가치관이 서로 다르다는 점을 깨달은 시점에서 단지 아내에게 맞추기만 하지 말고 아내와 이야기를 나누며 의견을 일치시켜야만 합니다. 이 또한 F씨 자신의 문제로 분류할 수 있습니다.

우리의 문제

상대방의 분위기를 잘 살피는 F씨와 감정적이며 완벽주의인 아내라는 조합에서 문제의 상승 작용이 발생했다고 어림짐작해 볼 수 있습니다. 이것은 두 사람의 문제입니다.

상대방의 문제

아이가 '제대로' 하지 않으면 감정적으로 변한다는 사실은 아내의 문제지요. 자신의 감정을 제어하는 책임은 F씨가 아닌 아내 쪽에 있습니다. 이 점을 확실하게 구분 짓는 것만으로도 F씨가 상황에 휘둘리는 일을 막을 수 있습니다.

또한 아이에게 짜증을 내고 이후 해결은 F씨에게 전적으로 맡겨버리는 모습도 아내의 문제입니다. 아내 본인도 감정에 맡긴 육아가 아니라 스스로 아이에게 보여주길 바라는 행동을 직접 말로 전하는 방법을 배울 필요가 있습니다.

이처럼 지금 발생하고 있는 문제를 세 가지로 나누면 '이것은 아내의 문제야. 내가 해결해야 하는 문제가 아니

기대에 부응하지 않겠습니다

야.', '이것은 두 사람이 마주 보아야 할 문제로군.' 같이 적절한 대처법이 떠오를 겁니다.

하지만 F씨는 머리로는 이 분류를 이해할 수 있어도 좀처럼 아내의 문제와 자신의 문제를 떼어 놓을 수가 없습니다. F씨는 이 과정을 거치면서 석연치 않은 느낌을 받았다고 합니다. 왜 그런 걸까요? 왜 F씨는 아내에게 그토록 영향을 받고 있을까요?

모든 문제는
스키마에서 생겼다

    나와 상대방의 문제에 관해 왜 이러한 문제가 일어났는지를 파헤쳐 보면 스키마와 연관된 경우가 적지 않습니다.

    F씨의 아내가 '제대로 하지 않으면 직성이 풀리지 않는' 성격을 가지게 된 것도 유소년기의 경험과 관련이 있습니다. 그녀의 어머니도 그녀와 마찬가지로 뭐든지 '제대로 하는' 사람이었지요. 한편 아버지는 술을 즐기며 돈을 헤프게 쓰는 사람이었기에 부모님 간에 다툼이 잦았습니다. 그래서 그녀는 어렸을 적부터 아버지같이 되지 않으려면 제대로 하라는 어머니의 말을 들으며 자랐습니다. 숙제를 전부 끝내지 못하면 놀러 나가지 못한 것은 물론 여름 방

학 숙제로 받아쓰기, 작문, 자유 연구를 할 때는 몇 번이고 어머니의 깐깐한 검사를 받아야 했습니다. 어머니의 말씀을 잘 따르면 그녀는 어디에서든 칭찬받고 잘 자란 딸로 있을 수 있었지요. 이렇게 F씨의 아내가 몸에 익힌 것은 엄격한 기준/과잉 비판 스키마입니다. 제4장에서 등장했던 D씨와 비슷하지요.

F씨도 스키마를 가지고 있습니다. F씨는 싫증을 잘 내는 성격 탓에 이렇다 할 특기가 없고 어떤 일을 온 힘을 다해 열심히 했던 경험도 없이 지극히 평범하게 자랐습니다. 아버지는 연구자로, 아들 역시 자신처럼 무언가에 흥미를 느끼고 그 분야에 깊이 파고들기를 바랐지만, 기본적으로는 본인이 하고 싶은 걸 하며 살면 된다고 생각했습니다. 한편 어머니는 학력 콤플렉스를 가진 사람으로, 남편을 존경해 자식에게도 좋은 교육을 받게 해 주고 싶었으나, 어렸을 적부터 공부보다는 몸을 움직이는 것을 좋아하고 금방 싫증을 내는 탓에 뭐 하나에 집중하지 못하는 아들을 보며 언제나 한숨을 쉬곤 했습니다.

F씨는 어머니의 기대에 부응하지 못하는 자신을 자각하면서도 집중하지 않는 행동을 고치지 않고 그저 주위 친구

들과 같은 진로를 밟았습니다. 국가 자격증을 따 전문가가 되길 바란 아버지의 기대를 저버리기 싫어 노력한 시기도 있었지만, 이것도 얼마 지나지 않아 그만두었지요.

그렇지만 어떤 일이든 그럭저럭 해냈기에 회사에서는 나름 인재 취급을 받았습니다. 옆에서 보면 견실한 근무자였으므로 F씨와 아내가 결혼하는 것은 자연스러운 일이었지요.

하지만 어머니의 기대에 미치지 못했다는 생각을 가진 F씨는 한 가지를 파고들지 못하는(즉, 아버지처럼 되지 못하는) 나는 쓸모없는 인간이라는 생각을 언제나 떨쳐버릴 수 없었습니다. 이러한 생각이 쌓이고 쌓여 F씨의 마음속에는 무능/의존 스키마가 생성되었습니다. 그렇기에 육아와 아버지 역할에도 자신이 없고, 아내의 기분을 살피며 제대로 하고 있다는 평가를 받는 것으로밖에 자신을 지탱하지 못하게 된 겁니다.

F씨는 문제를 세 종류로 나누는 과정을 통해 자신의 스키마 그리고 아내의 스키마를 의식하게 되었습니다. 덕분에 지금까지처럼 아내의 감정에 휩쓸리거나 얽매이지 않

　　　　　　　　　기대에 부응하지 않겠습니다

고 '나는 아내에게서 아버지의 역할을 제대로 하고 있다고 평가받고 싶어 하는구나.'라며 문제와 조금 거리를 두고서서 자신을 객관적으로 받아들일 수 있게 되었습니다.

부부라는 매우 가까운 관계 속에서 발생하는 자동적 사고나 자극받는 스키마 자체를 수정하기란 매우 어려운 일입니다. 하지만 F씨처럼 자기 이해를 진행해 나간다면 자동적 사고와 스키마로부터 약간의 거리를 두고 냉정하게 바라볼 수 있습니다.

이것을 심리학적으로 '부감俯瞰'이라고 합니다. 부감으로 자신을 객관적으로 바라보면 무엇이 자신의 감정이고 무엇이 상대방의 감정인지를 쉽게 구별할 수 있습니다. 그리고 바로 뒤에서 언급할 내용이지만, 생각지도 못한 해결의 실마리를 깨달을 수도 있습니다.

문제를 나누면
반드시 해결책이 보인다

    회사에서 중간 관리직에 있는 어떤 남성이 상사와 부하 사이에 끼여 스트레스 가득한 나날을 보내고 있습니다. 본인은 상사의 지시에 좀처럼 부응하지 못하고 있는 데다 부하 역시 자신의 기대만큼 움직이지 않아서 '나는 일을 제대로 못 하는구나.'라고 생각하며 매일 침울합니다.

    여기서 사건을 상사의 문제, 부하의 문제, 자신의 문제, 그리고 이 세 명이 모여 발생하는 문제로 나누어 봅시다.

    상사는 지시 내용을 자주 바꾸어 장기적 일관성이 없고, 일이 많은 탓에 기억력이 나쁘다는 단점이 있습니다. 부하는 기한에 맞춰 일을 끝내는 계획성이 없고, 자신에게는 상사와 부하 사이에서 자신의 상황을 객관적으로 보지 못해 결국 양쪽에 휘둘린다는 문제가 있습니다. 그리고 이러한 세 명의 조합으로 인해 역할과 책임의 경계선이 애매해지고 현장이 혼란에 빠진 겁니다.

문제를 정리하니 해결책이 보였고, 상사로부터 지시를 받을 때 메모나 메일로 증거를 남겨 두었습니다. 일관성 없는 지시를 받았을 때는 간단한 질문을 통해 부드럽게 짚었습니다. "전에는 이러한 지시를 내리셨는데, 이번에는 이 방법으로 괜찮을까요?"처럼 되물어 보는 식이었지요. (상사의 문제를 올바르게 상사에게 돌려보내는 것이 핵심입니다.) 또한 부하에게 일의 기한을 짧게 설정해 일을 잘게 쪼개 몇 시간 단위로 성과를 보일 수 있도록 지시했습니다.

이러한 과정을 거친 덕에 상사는 이전보다 일관된 지시를 내릴 수 있게 되었고, 부하는 차근차근 단계를 밟아가며 기한 내에 일을 확실하게 끝낼 수 있었습니다. 덕분에 남성은 주위로부터 좋은 평가를 받으면서 의욕을 잃지 않고 일할 수 있게 되었지요.

문제가 복잡해 보일 때는 자신과 상대방과의 사이에 확실히 선을 긋고 문제를 객관적으로 바라보며 구분짓는 일련의 과정이 효과적입니다. 꼭 실천해 보았으면 합니다.

스스로 ─────

───── 자존감을

높이는 ─────

───── 방법

나는 무엇을 해야
진짜 행복한 사람일까

　타인의 기대에 사로잡히기 쉬운 사람은 마음 깊은 곳에 부정적인 스키마를 가지고 있거나 자신과 상대방과의 경계선이 애매할 때가 많다고 설명했는데, 다른 각도로도 이유를 살펴보고자 합니다. 바로 낮게 형성된 자아 존중감(이하 자존감)입니다.

　자존감이란 매우 단순하게 말하면 '있는 그대로의 자신을 소중하게 여기는 감정'입니다. 자존감이 꾸준히 낮은 상태거나, 정신적으로든 육체적으로든 상태가 좋지 않아 일시적으로 자존감이 떨어지면 사람의 평가나 애정을 과도하게 추구하게 되면서 타인의 기대에 사로잡히기 쉬워집니다. 주위 사람에게 자연스레 평가나 애정을 받는 형태

　기대에 부응하지 않겠습니다

로 자존감을 높이는 방법이 가장 이상적이지만 환경에 따라서는 주위 사람을 통해 자존감을 높이는 게 어려울 때가 있습니다.

그래서 이번 장에서는 스스로 자존감을 높이는 방법을 설명하겠습니다. 자존감을 높이기 위해서 반드시 특별한 방법을 쓸 필요는 없습니다. 자신이 평상시 아무렇지도 않게 하는 행동에서 무엇이 자존감을 높이고 무엇이 자존감을 낮추는가를 깨닫는 것이 매우 중요합니다.

평상시 스스로 자존감을 높이기 위한 만족도 예상표를 만들어 볼까요? 먼저 다음의 질문에 관해 잠깐 생각해 보도록 합시다.

- 당신은 무엇을 할 때 가장 즐거운가요?
- 어떤 순간이 가장 나답고 자신감을 가질 수 있는 순간인가요?
- 누구와 함께 있을 때 자신이 가장 자랑스러운가요?

너무 갑작스러운 질문들이어서 금방 대답할 수 없는

사람이 많을 겁니다. 이러한 질문에 금방 대답할 수 있는 사람은 이미 자신에 대해서 잘 알고 있을 뿐만 아니라 자신을 충분히 소중히 여기고 있는 사람일 가능성이 높습니다.

무엇을 하면 나답게 있을 수 있는지를 자각하고 있다면 일상적으로 그와 관련한 활동을 늘려보세요. 어디에서, 누구와, 어떻게 지내면 나답게 자부심을 가질 수 있는지를 알고 있으면 원하지 않는 장소에 있거나 불균형하며 무의미한 대인관계를 피할 수도 있습니다. 이 같은 것들이 쌓이고 쌓여 자존감을 형성합니다.

여기서 소개하고 싶은 것이 '만족도 예상표'입니다. '만족도 예상표'란 스스로 어떤 행동이 자존감을 높이는지를 알기 위한 인지행동치료의 기법입니다.

❶ 먼저 하루를 되돌아보며 가장 즐거웠던 활동을 적습니다. 즐거웠던 활동이라 어렵게 생각하지 않아도 됩니다. 목욕이나 산책, 식사 준비나 잘하는 일 등 평범한 활동이어도 상관없습니다. '매일 바빠서 여기에 즐거울 만한 활동을 추가할 여유가 없어!'라는 상황에 놓인 사람은

기대에 부응하지 않겠습니다

하루의 루틴을 적어 보세요.

❷ 다음의 하루를 시작하기 전에 ❶에서 쓴 활동을 보며 예상하는 만족도를 써넣으면 됩니다. 0%(전혀 만족하지 않는다.)부터 100%(매우 만족한다.)까지의 범위 내에서 적으면 좋습니다.

❸ 하루의 모든 활동을 끝낸 뒤 실제 만족도를 예상 만족도와 똑같이 0%부터 100% 사이에서 판단해 적어 보세요.

❹ 하루를 되돌아보며 나에게 실제로 만족도가 높았던 일은 무엇인지, 예상했던 만족도와는 다르게 만족도가 낮았던 일은 무엇인지에 주목해 이후 늘려가고 싶은 활동을 정합니다.

만족도 예상표의 기록 예시(184쪽 참조)를 게재했으니 반드시 이를 보고 자신만의 만족도 예상표를 작성해 보기 바랍니다.

날짜	활동	예상 만족도(%)	실제 만족도(%)	알게 된 점
12월 1일	편의점 커피를 마심	100	50	여윳돈이 없는데 낭비했다.
	개와 산책	50	80	나가기 전까진 귀찮았지만, 일단 나가고 나니 상쾌했다.
	친구와 점심	90	30	친구의 푸념만 듣고 왔다.
12월 2일	새 스마트폰 구입	100	50	'여윳돈이 없는데.'라는 마 음에 불안해졌다.
	양복 구입	100	20	낭비의 연속이다.
	친구와 연락	100	100	마음이 따뜻해졌다.
12월 3일	맥주 마심	90	30	살찔 것 같다.

만족도 예상표 기록 예시

기대에 부응하지 않겠습니다

사소한 행복을 깨달아야
자존감이 높아진다

 만족도 예상표를 쓰는 일이 귀찮겠지만, 일주일 정도만 써봐도 그다지 의식하지 않았던 여러 가지가 보이기 시작할 겁니다. 무엇보다 우선 어떤 활동이 자신의 자존감을 높이는지를 알 수 있습니다.

 실제 만족도가 높은 활동에 주목해 보세요. 어떤 활동을 하고 있을 때가 가장 나다운지, 기분 좋게 보내는지가 보일 겁니다. 특히 예상에 비해 만족도가 높았던 행동에 주목하는 것도 좋습니다. 쓰레기 버리기, 공부, 청소 등 귀찮고 지루하다고 생각했던 활동이 사실 만족도가 높았다면 (즉, 나의 자존감을 높였다면) 이전보다 좀 더 열심히 할 마음이 생길 겁니다.

그리고 이러한 활동을 매일 일정에 의식적으로 넣는다면 지금보다도 만족도가 높은 나날을 보낼 수 있습니다. 컨디션이 좋지 않을 때 불편한 사람과의 회의가 있거나 스트레스를 받을 것이 확실한 날에는 이러한 활동을 우선해 많이 해도 좋습니다.

반대로 무엇이 나의 자존감을 낮추는지를 아는 것도 만족도 예상표의 핵심입니다. 예상과는 반대로 만족도가 낮았던 활동 몇 가지가 있을 겁니다. 습관적으로 자신에게 도움이 되리라고 생각했던 행동들이 사실 자존감을 떨어뜨리는 일도 자주 발생합니다. 원하지 않는 인간관계나 과한 음주, 장시간 스마트폰 이용 등 옳고 그름은 차치하고, 결과적으로 이러한 행동이 당신의 자존감을 떨어뜨리고 있다면 되도록 그러한 행동의 빈도를 낮추는 편이 좋습니다.

그렇다고 해서 습관이 된 행동을 갑자기 그만두기란 어렵지요. 기분이 좋지 않을 때 매일 습관적으로 했던 '사실은 좋지 않은 습관'으로 도피하고 싶을지도 모릅니다. 오히려 이럴 때 그 습관 대신 자존감을 고양하는 행동을 생활 속에 포함해 보세요. 예를 들어 회사에서 힘든 일이 있

기대에 부응하지 않겠습니다

을 때마다 스트레스 해소에 도움이 된다고 여겨 술을 마셔 왔지만, 어느날 퇴근할 때 한 정거장 전에 내려 집까지 걸어가 봤더니 술을 마시는 것보다 기분이 개운한 적이 있을 겁니다.

쇼핑을 하면 아주 빠르게 만족감과 성취감을 얻을 수 있지만, 낭비의 문제 및 자신의 욕구를 제어할 수 없다는 자책감을 동반할 때도 있습니다. 쇼핑해 봤자 자신이 예상했던 것보다 덜 행복해진다는 사실을 깨달았다면, 지갑을 집에 두고 밖으로 나오는 날을 만들거나 '이것은 없어도 사는 데에 아무 문제 없어.' 같은 극단적인 자문자답을 통해 쇼핑과 거리를 둠으로써 일상의 만족감을 올릴 수도 있습니다.

사전에 만족도가 높을 것이라 예상했던 활동은 단기적으로는 좋은 효과를 가져오기 때문에, 먼저 필요한 단기적 효과를 기준으로 어떠한 활동을 선택할지 확실히 정해도 좋습니다. 그런 다음에 그 욕구도 채우고, 장기적으로도 최대한의 이득을 얻을 수 있는 행동을 차례대로 해 본다면 더욱 좋은 결과를 얻을 수 있을 겁니다.

나에게 가치 있는
일은 무엇일까

　만족도 예상표를 통해 명확히 알 수 있는 또 다른 하나가 나의 '주제(가치)'입니다. 매우 중요한 내용이므로 순서에 따라 설명하도록 하겠습니다.

　만족도 예상표로 명확해진, 실제로 만족도가 높았던 행동 몇 가지 사이에 공통점을 발견했나요? 앞의 만족도 예상표 예시(184쪽)를 두고 설명하면, '개와 산책'과 '친구와 연락'이 이 사람에게는 만족도가 높은 행동이었습니다. 이 행동들은 '혼자서 무언가를 하기보다 반려동물이나 친구처럼 친밀한 대상과 함께 활동'이라는 공통점을 가집니다.

　그렇다면 이 사람의 주제는 '누군가(혹은 무언가)와 함께'라고 여겨집니다. 세상에는 '혼자서 무언가에 몰두했을

　기대에 부응하지 않겠습니다

때 나답게 있을 수 있어서 행복'한 사람도 있을 것이기에 이 사람만의 특징이라고 말할 수 있습니다.

이에 비해 예상과는 반대로 실제 만족도가 낮았던 행동 (예상 만족도와 실제 만족도의 차이가 컸던 행동) 중에 '편의점 커피 구매', '새 스마트폰 구매', '양복 구매'는 '돈'과 관련이 있는 행동입니다. 돈을 사용하려는 욕구를 제어하지 못해 죄의식을 느꼈지요

이 책에서 자세히 언급하지는 않았으나, 사실 나를 제어하려는 것도 인간의 기본적인 감정 욕구로 이것이 제대로 작용하지 않으면 '부족한 자기 통제/자기 훈련 스키마'를 가지게 됩니다. 밤 늦게까지 깨어있으면 다음 날 힘들다는 사실을 알고 있어도 게임이나 스마트폰 보는 것을 그만둘 수 없거나, 살찌고 싶지 않은데 계속 먹는 행동을 멈출 수가 없거나, 마감 직전까지 과제를 시작하지도 못해 항상 고생하거나 하는 행동들이 여기에 속합니다. 마찬가지로 예시에서의 맥주 마시기도 사실 만족도가 낮아 음주에 관한 자기 통제 능력도 떨어진 상태라는 사실을 알 수 있습니다.

또 다른 예상과 실제 만족도의 격차에 주목하면, 친구와의 점심으로 예상했던 만족도는 90%, 하지만 실제 만족도는 30%로 둘 사이에 엄청난 차이가 있습니다. 이 사람의 주제는 '누군가(혹은 무언가)와 함께하기'지만, 타인에게서 일방적으로 푸념을 듣거나 때때로 사이가 어색해지면 한층 더 괴로워진다는 사실을 알려주는 지표입니다. 자신에게 누군가(혹은 무언가)와 함께라는 행위는 매우 소중하지만, 여기에 문제가 생겼을 때는 그만큼 매우 강한 스트레스를 받는다고 말할 수 있지요.

이처럼 나의 자존감을 고양하는 주제가 무엇인지를 알고 있으면 앞으로 새로운 활동을 시도하기 위한 힌트가 되고 중요한 결단을 내릴 때 판단 재료가 되기도 합니다.

심리학적으로 이 주제를 '가치'라고 부릅니다. 'ACTAcceptance and Commitment Therapy'라고 불리는 인지행동치료의 일종으로 최근 매우 중요하게 여겨지는 개념입니다. 부정적인 사고를 수정하는 데에 얽매이지 않고 그 사고로부터 일단 한발 물러나 부감하면서 인생의 가치에 초점을 맞추는 사고법입니다. 전문적으로는 '인지행동치료의 제3의 물결'이라고 불리기도 합니다.

ACT는 그 사람이 무엇에 가치를 두고 있는지를 확실히 밝혀내고 이를 바탕으로 한 인생 설계를 지원합니다. 가치가 무엇인지를 깨달으면 눈앞의 사소한, 자신의 가치와는 관계없는 것들에 휘둘리지 않게 됩니다.

인생의 귀중한 시간을 자신의 가치에 따라 사용해야 합니다. 이번 장에서 소개한 만족도 예상표의 서식을 만들기가 귀찮다면, 다이어리나 계획표에 가볍게 메모해도 상관없습니다. 일단 시도해 보면 생각지도 못한 것을 발견할 수 있을 겁니다.

나다움을 찾기 위한 되돌아보기

내가 진짜로
좋아하는 일은 무엇일까

타인의 기대에 사로잡힌 상태에서 빠져나오기 위해서는 궁극적으로 '나다움을 인생의 축으로 삼아 살아가는 자세'가 중요합니다.

하지만 오랜 기간 스키마에 지배당해 부모나 주위 사람들의 기대를 나의 바람 또는 의무라고 생각해 행동하거나 타인에게 자신이 어떻게 보일지만을 신경 쓰며 살아간다면 나다움이 무엇인지 알 수 없는 상태에 빠질 가능성이 높지요.

'나는 원래 어떤 사람이었지?', '타인의 기대에 사로잡히지 않으려면 무엇을 해야 할까?' 이러한 생각이 들 때 도움되는 사고법을 설명하려 합니다.

기대에 부응하지 않겠습니다

갑작스럽지만, 다음과 같은 질문을 받는다면 여러분은 어떤 대답을 내놓을까요? '당신은 인생을 어떻게 살아가고 싶습니까?' 질문이 너무 무거워서 대답하기 어려운 분은 다음 질문에 대한 대답이어도 상관없습니다.

'당신이 좋아하는 것은 무엇입니까?' 이 질문의 답으로는 밤낮으로 매달릴, 누가 뭐라 하든 그만두고 싶지 않을 정도로 푹 빠져있는 일을 떠올려 보길 바랍니다. 왜 이러한 질문을 하느냐면 정말로 좋아하는 일이야말로 우리가 가진 에너지의 원천이며, 나만의 인생 축을 가지고 살아가기 위해 필수 불가결한 것이기 때문입니다. 제9장에서 소개한 '가치'와도 이어지는 이야기지요.

우리는 쉽게 '음악을 정말 좋아하지만, 지금은 바쁘니까 앞으로 조금 여유가 생기면 연습해야지.', '사회인으로 아직 1인분도 못 하는데, 취미에 시간을 할애할 수 없어.', '우울증이 나아야 좋아하는 일도 하지.'라는 생각을 하며 좋아하는 일을 뒤로 미룹니다. 마치 인생에서 좋아하는 일을 하는 것은 여유가 있을 때나 할 수 있는 사치스러운 행위인 양 말이지요.

하지만 정신 건강 전문가는 그 반대라고 말합니다. "마이너스를 0으로 만들거나, 약점을 극복하려는 노력은 심적 에너지를 소모하기만 합니다. 내가 좋아하는 일을 소중히 여기는 자세야말로 결과적으로 행복으로 가는 지름길이지요." 좋아하는 일을 떠올렸다면, 조금 더 추상적인 질문을 자신에게 던져 봅시다.

'지금까지 인생에서 행복했던 때는 언제였습니까?' 몇 가지 사건을 떠올려 보세요. 거기에 공통점이 보이나요? 어쩌면 동료와의 일체감을 얻었을 때일지도 모르고, 혼자서 어떤 일에 몰두했을 때일 수도 있습니다. 돈을 벌 때 행복을 느꼈던 사람도 있을 것이고, 타인에게서 감사하다는 소리를 들었을 때 보람을 느낀 사람도 있을 겁니다. 앞 장에서도 이러한 '가치'를 깨닫는 방법을 서술했습니다.

중요한 점은 무엇이 나를 행복하게 만들어 주는지 아는 겁니다. 여기에 성공했다면 인생의 축이 정해져 주위에 흔들리지 않고 스스로 인생을 선택해 나갈 수 있습니다. 타인의 기대에 휘둘리지 말고 자신의 가치에 따른 인생을 확고하게 세워 나가보세요.

기대에 부응하지 않겠습니다

인생에 때때로
허무함을 느끼는 이유

다음 G씨의 예를 살펴보도록 하겠습니다.

── 자기 인생을 살아가지 못하는 G씨 ──

G씨는 어렸을 적부터 순종적이었다. 부모의 교육열이 높은 편은 아니었지만, 친한 친구가 유명 입시 학원에 다니기로 하자 본인도 같은 학원으로 가 좋은 성적을 받고 유명 대학으로 진학했다. 졸업 후에는 고향으로 돌아와 공무원이 되었다. 직장 상사의 소개로 만난 여성과 결혼해 두 아이를 낳고 행복하게 살았다. 작년에는 집을 신축하고 예상대로 순조로운 인생을 걸어왔다.

하지만 G씨는 항상 허무함을 안고 살아왔다. 흡사 타

인의 인생을 살아온 듯한 느낌을 받아 무엇을 해도 만족 감을 느낄 수 없었다. 언제 가장 마지막으로 감동했는지 조차 기억나지 않는다. 하지만 이러한 현상을 동료에게 말해도 동료는 "인생이란 게 원래 그런 거야. 눈에 띄게 고생한 적 없잖아? 그게 행복한 거지."라고 운을 뗀 뒤 오 히려 자신의 좋지 않은 부부 사이와 고부 갈등에 관해 길 게 푸념을 늘어놓았다.

G씨는 생각했다. '이렇게 매일 허무한 이유가 뭘까. 가 족은 정말 소중하고 열심히 일하고 있지만, 거기에서 보 람을 느낀 적은 없다. 인생이란 원래 이런 걸까. 지금까 지 쌓아 온 삶을 버릴 수는 없고 이제서야 이직한다고 해 도 새로운 환경에서 잘해 나갈 자신은 없어.' 생각의 결 말은 항상 이렇다.

G씨는 이른바 중년의 위기 한복판에 있는 듯합니다. 생 각이 꼬리에 꼬리를 물고 이어지는 데에서 오는 괴로움이 느껴지지 않나요.

30~40대에 하는 이직은 물론 요즘에 드문 일이 아니지 만 G씨처럼 보수적인 사람에게는 여전히 거부감을 불러일

　　　　　　　기대에 부응하지 않겠습니다

으키는 듯합니다. 더불어 이른바 N포 세대인 G씨에게 있어 자신이 노력해서 얻은 지방 공무원이라는 직업은 부모의 희망이기도 했습니다.

현재 허무함을 안고 있지만 누가 시켜서 살아온 것도 아니고, 일반적으로 옳다고 여겨지는 가치관을 따른 인생이지만 정말 무엇을 하고 싶은지 잘 모르겠고, 이것을 알기 위해 행동에 나설 용기도 없지요. 이처럼 상반하는 기분이 공존하기에 괴롭습니다.

인생을 그래프로 그리며
되돌아보기

    내가 무엇을 하고 싶어 하는지 모르는 사람에게 소개하고 싶은 방법이 '인생 그래프' 그리기입니다. 태어나서 지금까지 발생했던 일을 되돌아보며 어느 시기가 자신에게 있어 행복했는지 또는 불행했는지를 그래프로 그리며 확인해 보는 방법이지요. 다음과 같은 순서대로 자신만의 인생 그래프를 따라 그려보길 바랍니다.

인생 그래프 그리는 법

❶ 수평으로 선을 하나 긋습니다.

❷ 선의 좌측 끝에서부터 인생의 주요 사건을 적습니다.

    학교 입학이나 졸업, 취직과 결혼, 이사 또는 가족에게

                기대에 부응하지 않겠습니다

일어났던 큰 사건(부모의 이직, 이혼, 형제자매의 탄생이나 결혼 등), 나에게 큰 영향을 끼친 사회적 사건(자연재해, 감염병 유행, 경기의 좋고 나쁨, 세태 등)을 써넣습니다. 쓰고 싶은 사건이 끊임없이 떠오른다면, 인생에서 나의 행복에 영향을 줬다고 생각되는 사건을 중심으로 쓰세요. 써넣긴 했지만, 행복했는지 판단하기 어려운 경우에는 지워도 상관없습니다.

❸ 주요한 사건을 단서 삼아 그 당시 나의 주관이 어떠했는지를 대략 파악해 곡선 그래프를 그립니다. 현재 시점으로 과거를 되돌아보며 '이 시기 동아리 연습은 정말 힘들고 어려웠지만 지금에 와서 보니 좋은 경험이었어.' 같은 생각이 드는 사건이라도 현재의 판단이 아닌 '당시의 주관'으로 표시합니다. 그때의 내가 어떻게 느꼈는가(행복인가 불행인가)가 가장 중요한 핵심입니다. 좋은 것인지 나쁜 것인지, 사회적으로 평가가 높은지 아닌지, 생산성이 뛰어난지 아닌지 같은 부분에도 신경을 쓸 필요 없습니다. 순수하게 당시의 '행복도'로 판단해야 합니다.

G씨의 예를 구체적으로 생각해 봅시다. G씨는 위에 소개한 방법대로 아래와 같이 인생 그래프를 그렸습니다.

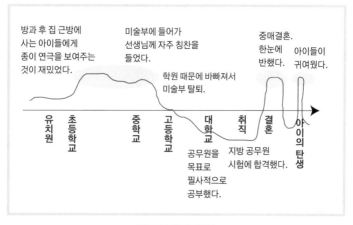

G씨의 인생 그래프

기대에 부응하지 않겠습니다

인생을 되돌아보면
진짜 내가 보인다

그렇다면 이 그래프를 어떻게 활용해야 좋을지를 알아봅시다. 먼저 인생 그래프의 높은 부분에 주목해 보세요. 이를 통해 어떤 시기에 행복을 느꼈는지를 한눈에 알 수 있습니다. 그 시기는 어떠한 조건을 갖추고 있었을까요. 살던 장소나 친했던 친구, 일의 내용, 여가를 보내는 법, 건강 상태 등과도 관련이 있을 수 있습니다. 이것을 보면서 어떠한 조건이 갖춰져야 내 나름의 행복을 느끼는지가 보일 겁니다.

혼자서 노력을 거듭해 성과를 올리는 데에서 기쁨을 느끼는 사람이 있으면, 누군가에게 헌신해 그 사람이 기뻐하는 모습을 보고 행복을 느끼는 사람도 있습니다. 지적 호

기심을 끊임없이 추구하는 것이 좋은 사람도 있고, 돈을 열심히 모아 통장 속 커지는 숫자를 보며 성취감을 느낄 때가 행복한 사람도 있습니다. 행복은 그때 어떤 상황에 놓여있는지에 좌우됩니다.

G씨의 인생 초기로 눈을 돌리면, 자신이 그린 종이 연극을 어린아이들에게 보여주고 아이들이 기뻐하는 모습을 보거나 자신의 그림에 대한 평가를 듣는 등 그림 창작과 관련한 행동에서 행복을 느낀 상황이 많아 보입니다. 그리고 성인이 된 후부터는 결혼과 아이가 태어났을 때 행복했다고 느꼈지요. 이를 통해 G씨는 '그림을 그리거나 이야기를 만들어 내는 것', '다른 사람이 기뻐하는 모습이나 좋은 평가받는 것', '가족을 이루는 등 가까운 사람과 친밀해지는 것'이 자신의 행복도를 높인다고 이해할 수 있습니다.

이번에는 반대로 그래프의 낮은 부분으로 시선을 돌려봅시다. 그래프가 낮은 시기에는 어떤 특징이나 상황이 있었을까요. 행복했던 시기와 정반대일지도 모르고, 어쩌면 종이 한 장 차이일 수도 있습니다.

기대에 부응하지 않겠습니다

예를 들어 돈이 아주 많아서 미래에 불안이 없는 상태가 행복이며 사람에게서 애정을 받지 못하는 상태가 불행이라고 생각하는 사람이 있다면, 이 사람의 행복 조건은 사람과 좋은 관계를 맺고, 재정적으로 풍족한 상태일지도 모릅니다.

G씨의 경우에는 미술부를 그만둔 때부터 그래프가 내려가기 시작합니다. 공무원 시험을 위해 공부했던 기간이나 그 결과 무사히 합격했던 때조차도 미술부에 있을 때보다 낮습니다. 이것을 보고 G씨는 깨달았지요. '이때부터였구나. 나의 인생을 살지 않았던 때가. 이 시기의 나는 합격하고 싶어서 공부했던 것이 아니라 시험에 떨어져서 어디에도 취직하지 못한다면 부모님이 슬퍼하리라 생각해 필사적으로 공부했던 거였어.'

자신은 부모님의 기대에 부응하기 위해 필사적으로 노력했지만, 결과적으로 그 노력은 자신을 조금도 행복하게 만들지 않았다는 사실을 깨달았습니다. 게다가 잘 생각해보니 부모로부터 진학과 취직 둘 중에 어느 쪽이 나을지 조언을 들은 적이 한 번도 없었습니다. G씨는 스스로 평균적인 사람이 되려고 했던 걸까요. G씨는 계속해서 과거를 되새겨보았습니다.

'하지만 그때는 그렇게 할 수밖에 없었어. 왜냐하면 그림을 좋아하긴 하지만 그림으로 먹고살기는 힘드니까. 지금처럼 안정된 공무원이니까 결혼도 할 수 있었고 대출받아 집도 살 수 있었는걸.' 분명 그의 생각이 사실일지도 모릅니다. G씨의 고향은 이른바 대기업이 없는 지방 도시로 '대학 졸업 후에는 고향으로 돌아온다.', '적당히 살다가 때가 되면 취직한다.'라는 두 가지 '보통'과 '일반적'을 달성하려면 지방 공무원이 되는 것 외에는 방법이 없었기 때문이지요.

당시는 취직 빙하기였기에 G씨의 동급생 중에는 직장을 얻지 못한 사람이 많았습니다. 취직에 성공했다 해도 일이나 환경이 맞지 않아 이직을 반복하거나 불안정한 고용 상태에서 일한 사람도 부지기수였지요.

그들이 G씨보다 행복했는지 불행했는지는 알 수 없습니다. 그럼에도 확실히 말할 수 있는 사실은 직업의 선택지가 공무원밖에 없다며 불안해 했던 모습은 G씨가 좁은 시야를 가졌다는 방증이라는 점입니다. 보통에 머무르고 싶다고만 생각해 하나의 선택지에만 매달리지 말고 내가 진

기대에 부응하지 않겠습니다

짜 하고 싶은 일이나 나에게 맞는 일이 무엇인지를 계속해서 자문자답했다면 좀 더 다른 지금을 보내고 있을 수도 있지요.

일련의 과정을 통해 G씨는 자신이 행복감을 느끼는 일을 그만둘 필요가 없었다는 사실, 세상의 평가에 신경 쓰지 말고 내가 하고 싶은 일에 눈을 돌릴 필요가 있다는 사실을 재인식했습니다.

나의 진짜 인생을
되찾는 방법

자기 분석이 끝났다면 그래프에서 아래로 내려간 부분이 어떻게 위로 올라갔는지를 분석해 보도록 합시다.

살다 보면 위기에 빠질 때가 있는데, 그것을 어떻게 뛰어넘는지에 따라 인품이나 삶의 태도가 짙게 배어 나옵니다. 예를 들어 주위 사람에게서 조력을 끌어내는 능력을 갖추고 있고, 이를 "다들 도와줘서 잘 끝낼 수 있었어."라고 겸손하게 표현하는 행동도 그 사람다움이라고 말할 수 있습니다. 또한 "이까짓 것!"이라고 외치며 역경을 에너지로 바꿔서 뛰어넘은 경험도 그 사람만의 강점입니다. '철저히 데이터를 모아 준비했다.', '밑바닥을 맛봤기에 오히려 아무것도 두렵지 않은 불사신이 되었다.', '나를 위해서

기대에 부응하지 않겠습니다

가 아니라 타인을 위해서라고 생각했기에 힘을 낼 수 있었다.' 등 사람에 따라 다양하게 위기를 극복하는 방법이 있습니다.

여기서 다시 G씨의 상황으로 돌아가 봅시다. 지방 공무원 시험에 합격하고 취직할 때까지 행복도가 떨어지고 있었지만, 이왕 이렇게 된 거 고향에 공헌하고 싶다고 자신을 격려하며 일에 몰두하며 G씨의 행복도는 다시 상승했습니다. 이때부터 '세상에 공헌하고 싶다.'라는 새로운 G씨의 가치가 보이기 시작한 겁니다.

이것을 근거로 G씨가 지금의 생활 속에서 자신이 하고 싶은 세 가지를 실현하는 방법을 생각해 보도록 합시다. 그림 창작, 누군가를 기쁘게 만드는 것, 가까운 사람과 친밀하게 있는 상황입니다.

G씨는 얼마 전부터 정년 후의 자산, 경력 등을 생각하고 있다. 정년퇴직한 뒤에 조금이라도 자신이 즐길 수 있는 작은 일이 있으면 좋겠다고 생각했기 때문이다.

인생을 되돌아본 G씨는 어렸을 때처럼 종이 연극을 보이거나 그림책을 그리고 싶다고 생각했다. 지금은 누구나 정보 발신이 가능한 시대니까 SNS를 통해 자신이 만든 그림이나 이야기를 많은 사람에게 보여주는 방법도 좋을 것 같다.

사람, 특히 아이들을 기쁘게 하는 건 G씨에게 소중한 가치다. 그래서 큰맘을 먹고 병원에 근무하는 지인에게 이야기하니 아직 학교에 입학하지 않아 글을 모르는 어린 입원 환자를 위해 병이나 치료를 설명해 주는 그림책을 만들어 주었으면 좋겠다는 부탁을 받았다. 병을 잘 이해시켜줘서 아이들이 불안에 빠지지 않도록 따뜻한 분위기의 그림책을 만들 생각에 G씨는 전에 없이 의욕에 불타올랐다. 이렇게 활기에 찬 자신을 느낀 것은 중학교 미술부 때 이후로 처음이었다.

더불어 가까운 사람과 친밀해지고 싶은 마음도 자신의 가치임을 알고 있음에도 불구하고 지금의 생활 속에서 이를 실현한 적은 거의 없다시피 했다. 최근 가족을 위해 시간을 보낸 건 초등학생인 아들과 딸을 학원에 보낼 때나 학원이 끝나고 데리러 갈 때 그리고 담담하게 식사 준비를 할 때 정도뿐이었다.

'가족들과 무엇을 할 때 나는 행복감을 느낄까?' G씨는 다시 한번 자신에게 질문을 던졌다. 그리고 '그렇구나. 의도적으로 '이러저러한 시간을 보내고 싶다.'라고 설정해도 되는 거였어. 그런데도 내 인생은 컨베이어 벨트를 통해 끊임없이 들어오는 일을 처리하듯, 발생하는 일을 그저 받아내는 것만 반복해 왔어. 내가 좀 더 주체적으로 결정해도 되는데 말이야.'

쇠뿔도 단김에 빼라고 곧바로 G씨는 결심을 행동으로 옮겼다. 아내와 아이들에게 "가족끼리 캠핑을 가고 싶다."라든가 "오늘은 모두 함께 김밥을 만들자." 같은 제안을 해 보았다. 이렇게나 적극적으로 무언가를 하자고 제안하는 일은 태어나서 처음이었다. 가족은 놀라면서도 명백히 다른 때에 비해 표정이 밝은 G씨를 보고 기뻐했다.

이러한 나날을 보내면서 G씨는 차츰 '자신의 인생'을 되찾고 있다.

지금까지의 과정을 정리해 보면, 실제로 그려본 인생 그래프의 높은 부분에 주목함으로써 어떠한 조건을 갖추었을 때 내 나름의 행복을 느끼는지를 알 수 있습니다. 반대로 그래프의 낮은 부분에 주목한다면 어떠한 환경이나 인간관계 등이 나의 행복을 방해하는지를 이해할 수 있습니다. 그리고 그래프의 낮은 부분을 어떻게 끌어올릴 수 있었는지 되돌아봄으로써 내가 무엇에 기쁨을 느꼈는지 무엇을 진심으로 즐겼는지를 떠올려 볼 수 있지요.

인생 그래프를 어떻게 활용할 것인가에 대한 정답은 정해져 있지 않습니다. 내 인생과 마주함으로써 부끄러움을 느끼는 사람도 있을 것이고 지금까지의 인생이 스스로에게 너무 가혹했다고 생각해 마주하는 행위 자체가 불가능한 사람도 있을 겁니다. 하지만 조금씩이라도 괜찮습니다. 다른 누구도 아닌 나의 인생과 마주하는 기회를 의식적으로 만들어 실천해 보는 것은 분명 여태까지 깨닫지 못했던 나만의 '행복하게 살아갈 조건'을 발견하는 결과를 내어 줄 겁니다.

당신이 인생에서 소중히 여기고 싶은 것은 무엇인가요?

지금 그것을 실현하고 있나요?

진짜 나의 인생을 보내고 있나요?

기대에 부응하지 않겠습니다

지금 인생의 어느 시기에 놓여 있든 상관없습니다. 타인의 분위기를 살피거나 누군가의 기대에 끊임없이 부응하려고 노력하기만 하지 말고 나의 행복도를 높일 '가치'를 발견한다면 분명 인생은 더욱 좋은 방향으로 흐를 겁니다.

나만이 진짜 나의 편이
되어줄 수 있다

지금까지 '타인의 기대에 사로잡히지 않기' 위한 인지행동치료의 다양한 방법을 전했습니다. 하지만 실제 상담 현장에서 매일 다양한 내담자와 접하며 드는 생각은 많은 사람이 사로잡혀 있는 건 사실 타인의 기대가 아닌 경우도 많다는 겁니다. 이 말의 의미를 바로 이해하는 사람도 있을 겁니다.

예를 들어 유소년기에 부모로부터 엄격한 훈육을 받았던 사람은 부모가 이미 사망했음에도 불구하고 부모가 그랬던 것처럼 자신을 끊임없이 몰아세웁니다. 또한 부모의 사랑을 충분히 받지 못했던 사람은 언제나 누군가의 애정을 얻으려 자신을 희생하면서까지 노력하거나 타인의 평

기대에 부응하지 않겠습니다

가를 너무 신경 쓰다 자신이 괴로움의 늪에 빠지기도 합니다. 심지어 이러한 상황을 타인의 기대에 사로잡혀 있는 것처럼 믿고 있는 경우도 적지 않지요.

　사랑받고 싶다.
　칭찬받고 싶다.

　이런 마음이 어느새 '착한 아이로 남아야 해.', '타인을 위해 노력해야 해.', '좀 더 유능한 사람이 되어야 해.' 같은 스키마로 형성되어 자신을 막다른 길로 내몰고 마는 겁니다.
　당신이 당신의 편이 되어주어야 합니다. 더 이상 자신을 엄격히 대하지 않아도 괜찮습니다. 이 정도면 됐다며 목표치를 낮추고 살아가세요. 실패해도, 타인의 기대에 맞추지 않아도 인간다운 나를 인정하고 그 자리에 머물러도 됩니다. 기대에 칭칭 얽매여 혼자서 괴로워하고 있는 사람에게 이 메시지가 잘 전달되었기를 바랍니다.

끝내는 말
: 나다움이 무엇인지 고민하는 사람에게

먼저 여기까지 읽어준 독자에게 감사의 인사를 전하고 싶습니다. 개인적으로도 아내로서, 어머니로서, 소장으로서, 상담사로서, 비정규 강사로서, 연구원으로서…… 그야말로 다양한 역할을 요구받고 사람의 기대를 짊어지면서 "어? 내 진짜 모습이 뭐였지.", "나는 뭐를 하고 싶었던 걸까.", "앞으로 몇 년이나 이렇게 살 수 있을까?"라는 의문에 사로잡힐 때가 있었습니다. 이런 생각들이 이 책을 쓴 계기가 되어주었습니다.

이른바 중년의 위기도 경험했지요. 그래서 나를 알기 위해, 생각을 정리하기 위해, 또래 여성들을 위해 세미나에 참가하거나, 친구와 만나 지금까지의 그리고 앞으로의 자

기대에 부응하지 않겠습니다

신에 관해 이야기를 나누었습니다. 매년 연말에는 친구와 한 해를 되돌아보면서 내년의 포부를 서로 확인하기도 했습니다.

이러한 과정에서 내가 깨달은 점이 있다면, 우리는 '할 수 있는 일', '하고 싶은 일', '많은 사람이 원하는 일'이 겹치는 부분에서 살아가야 한다는 사실입니다. 그런데 이 교차점에서 우리는 할 수 있는 일이나 남이 원하는 일만을 의식해서 하고 싶은 일을 포기하거나 심지어 뭘 하고 싶었는지조차 잊어버릴 때가 종종 있습니다. 그러니 '할 수 있는 일 중에서도 가장 이득이 되는 일'이나 '내가 소중히 여기는 사람이 원하는 일'에 관해서도 확실히 알아갈 필요가 있을지도 모릅니다.

매우 복잡한 사회 구조 속에 매우 다양한 가치관이 흘러넘치고 있어서 자유롭게 하고 싶은 대로 하라는 말을 들으면 들을수록 자신감을 잃어버려 나만의 길을 선택하지 못하는 사람도 많아지고 있습니다. 무언가를 자유롭게 하기 위해서는 내가 어떤 사람이며 어떤 특징을 가졌는지 그리고 그중에서 무엇을 활용해 살아가는 것이 최선인지를 알고 있어야만 합니다. 하지만 나에 대해서 잘 알지 못한 탓에 나에게는 어떤 매력도, 특기도, 특징도 없다고 단정을 짓고 재빨리 주위의 기대에 기대면서 실패하지 않을 만큼만 행동하는 사람도 꽤 많습니다.

고등학생 때의 나 또한 그랬습니다. 지금 돌이켜보면 믿을 수 없을 정도로 당시의 나는 나를 아무런 특징도 없고 재미도 없는 인간이라고 생각했지요. 이런 내가 싫었던 것치고는 꽤 뻔뻔한 자기 인식입니다.

하지만 40대에 들어선 지금에 와서는 내 아이에게 다음과 같이 말합니다. "엄마는 상당히 특이한 사람인 것 같아." 옆에서 이 말을 들은 남편은 한술 더 떠 "맞아. 이런 엄마는 어디 가서 찾기 힘들지."라고 맞장구칩니다. 나의 개성을 잘 이해하고 받아들여 주는 고마운 가족입니다.

상담사로서 어찌어찌 살아나가고 있지만, 때때로 내 개성을 주체하지 못해 일에 영향을 미치는 때가 종종 있습니다. 이 때문에 스스로에 대한 의구심이 생기기도 합니다. 누군가의 기대에 부응하려고 노력한 때도 많았지만, 자질이 부족해 실망을 안겨준 적도 적지 않습니다.

여러 가지 경험을 거쳐 '아, 나는 이런 인간이구나.'라고 알게 됐을 때 모든 걸 포기하고 싶은 마음도 들었지만, 한

기대에 부응하지 않겠습니다

편으로는 신기하게도 예전보다 더 나를 좋아할 수 있게 되었지요. 이 점이 중년의 재밌는 부분입니다. 지금은 타인의 기대에 사로잡히지 않고 충분히 내가 살고 싶은 대로 살고 있습니다.

이렇게 좀 더 여유를 가지고 살게 된 데에는 20대 중반에 인지행동치료와의 만남이 있었기 때문이라고 생각합니다. 당시 미국인 상담 선생님으로부터 배웠던 인지행동치료의 기법과 더불어 그의 따뜻함이 나를 강하게 밀어주는 느낌을 받았습니다. 이러한 체험과 내가 느꼈던 따스함을 나다움이 무엇인지 알 수 없어 고민하는 수많은 사람에게 전하고 싶다는 생각이 들었습니다.

좋은 인연에 둘러싸여 이 책을 여러분 곁으로 보낼 수 있었습니다. 인지행동치료의 기법들이 부디 따뜻함을 가지고 여러분께 전해져 여러분의 인생에 일조할 수 있다면 매우 기쁠 것 같습니다.

2023년 12월 17일

나카시마 미스즈

네 가지 스키마 체크 리스트

본문 안에서 언급한 항목도 있지만, 각 장에서 다루었던 스키마를 현재 자신이 어느 정도 가지고 있는지 확인하기 위한 리스트를 작성해 보았습니다. 해당하는 부분이 얼마나 있는지 확인해 보세요.

'몇 개 이상 해당하면 관련 스키마 보유로 판단한다.'같이 설정된 기준은 딱히 없지만(이 부분은 연구가 필요합니다.), '정서적 결핍 스키마에 해당하는 부분이 많네.', '반대로 엄격한 기준/과잉 비판 스키마에 해당하는 부분은 없어.'처럼 자신의 스키마 경향을 알게 되는 계기로써 이 책과 함께 활용해 보았으면 합니다.

기대에 부응하지 않겠습니다

❶ 자기희생 스키마 _ "내가 희생해야만 해."

- 곤란한 상황에 놓인 사람이 있으면 무리를 해서라도 도와주려고 한다. ☐

- 나를 위해 쓰는 돈은 아깝지만, 타인을 위한 선물에는 아낌없이 돈을 쓴다. ☐

- 나보다 상대방이 무엇을 하고 싶고 어디를 가고 싶은지 신경 쓴다. ☐

- 상대방의 상태를 항상 살핀다. ☐

- 때때로 허무한 느낌을 받거나 살아있다는 실감이 들지 않는다. ☐

- '그 사람을 위해서'라면 열심히 할 수 있지만, '나를 위해서'라면 열심히 할 수 없다. ☐

❷ 엄격한 기준/과잉 비판 스키마 _ "제대로 해내야만 해."

- 하기로 했으면 제대로 해내야만 한다. ☐

- 어정쩡하게 할 바에는 하지 않는 편이 낫다. ☐

- 하고 싶은 일보다 해야 하는 일에 정신없이 쫓기고 있다. ☐

- 마감 기한 직전까지 노력해야만 한다. ☐

- 완벽하게 끝내지 못하면 부끄럽고 나를 용서할 수 없다. ☐

- 노력하지 않는 사람을 보면 화를 참을 수 없다. ☐

❸ 무능/의존 스키마 _ "나로서는 할 수 없는 일뿐이야."

- 새로운 도전은 되도록 피하고 싶다. ☐
- "너라면 혼자서 가능해."라고 하며 나에게만 일을 맡기면 부담스럽다. ☐
- 일을 항상 뒤로 미룬다. ☐
- 누군가에게 칭찬받으면 '저 사람은 나를 오해하고 있어.' 혹은 '꿍꿍이가 있어.'라고 생각한다. ☐
- 어떤 일을 해야만 할 때에 누군가에게 의존한다. ☐
- 남들보다 걱정이 많다. ☐

❹ 정서적 결핍 스키마 _ "나는 사랑받지 못해."

- 나를 소중히 여겨주는 사람이 있어도 그 사람은 언제든지 나를 떠날 수 있다고 생각한다. ☐
- 나의 모든 것을 보여줘도 나를 사랑해 줄 사람이 있으면 좋겠지만, 그런 사람은 없을 것이다. ☐
- 이런 나를 사랑해 줄 사람이 있으리라고 생각하지 않는다. ☐
- 진심으로 나를 사랑한다면 어느 때든, 어떤 모습이든 받아들여 주길 바란다. ☐
- 서로 사랑해도 어차피 타인이니까 처음부터 마음을 열지 않는 편이 안전하다. ☐
- 나를 사랑해 주는 사람이 있다면, 그 사람은 나를 이용하려는 목적을 가졌거나 나의 결점을 묵과하고 있을 뿐이라고 느낀다. ☐

기대에 부응하지 않겠습니다

1판 1쇄 인쇄 2024년 11월 15일
1판 1쇄 발행 2024년 11월 22일

지은이 나카시마 미스즈
옮긴이 김윤정
펴낸이 김기옥

편집 이승미
표지디자인 이유나 **본문디자인** 고은주
경제경영팀장 모민원
기획 편집 변호이, 박지선
마케팅 박진모
경영지원·제작 고광현 김형식
인쇄·제본 (주)민언프린텍

펴낸곳 한스미디어(한즈미디어(주))
주소 (04037) 서울시 마포구 양화로 11길 13(서교동, 강원빌딩 5층)
전화 02-707-0337 **팩스** 02-707-0198 **홈페이지** www.hansmedia.com
출판신고번호 제313-2003-227호 **신고일자** 2003년 6월 25일

ISBN 979-11-93712-58-0 (03330)